Océan Underwater
poissons livre de coloriage et de la vie de la mer

Young Scholar

Young Scholar
An imprint of Ciparum LLC

Océan Underwater poissons livre de coloriage et de la vie de la mer
© 2017 Ciparum LLC
All rights reserved.
ISBN-10:1-63589-314-3
ISBN-13:978-1-63589-314-4

www.youngscholar.co

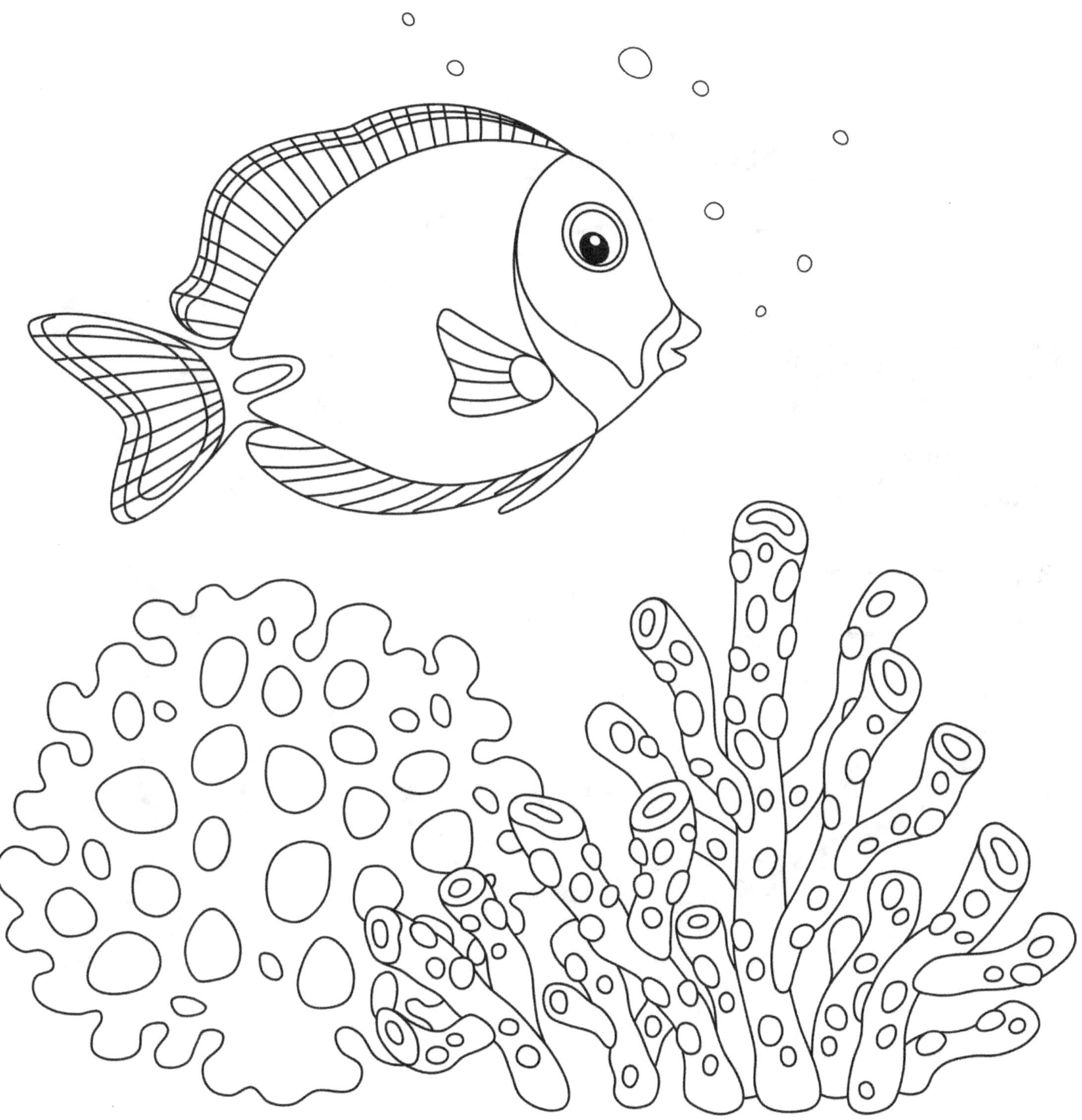

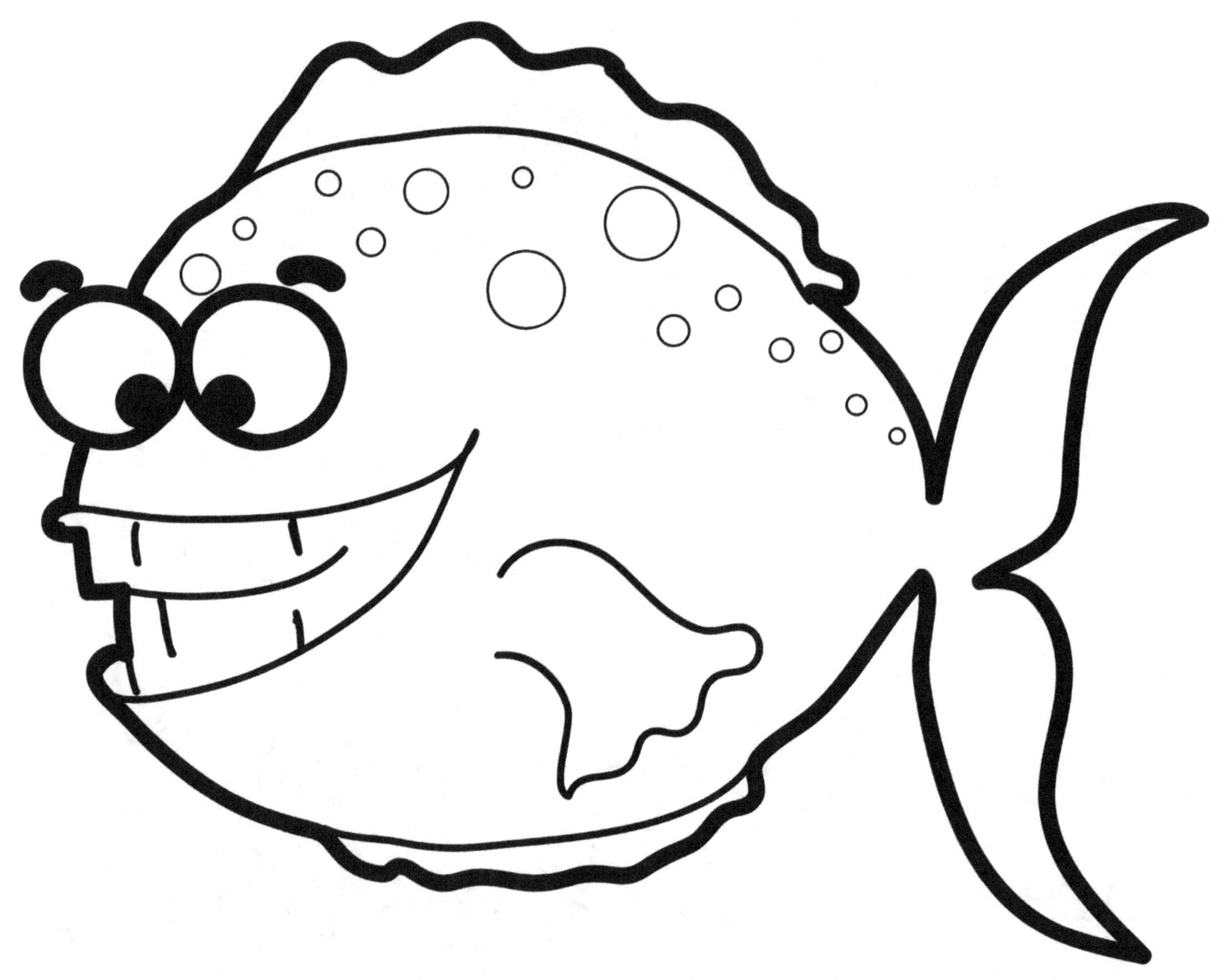

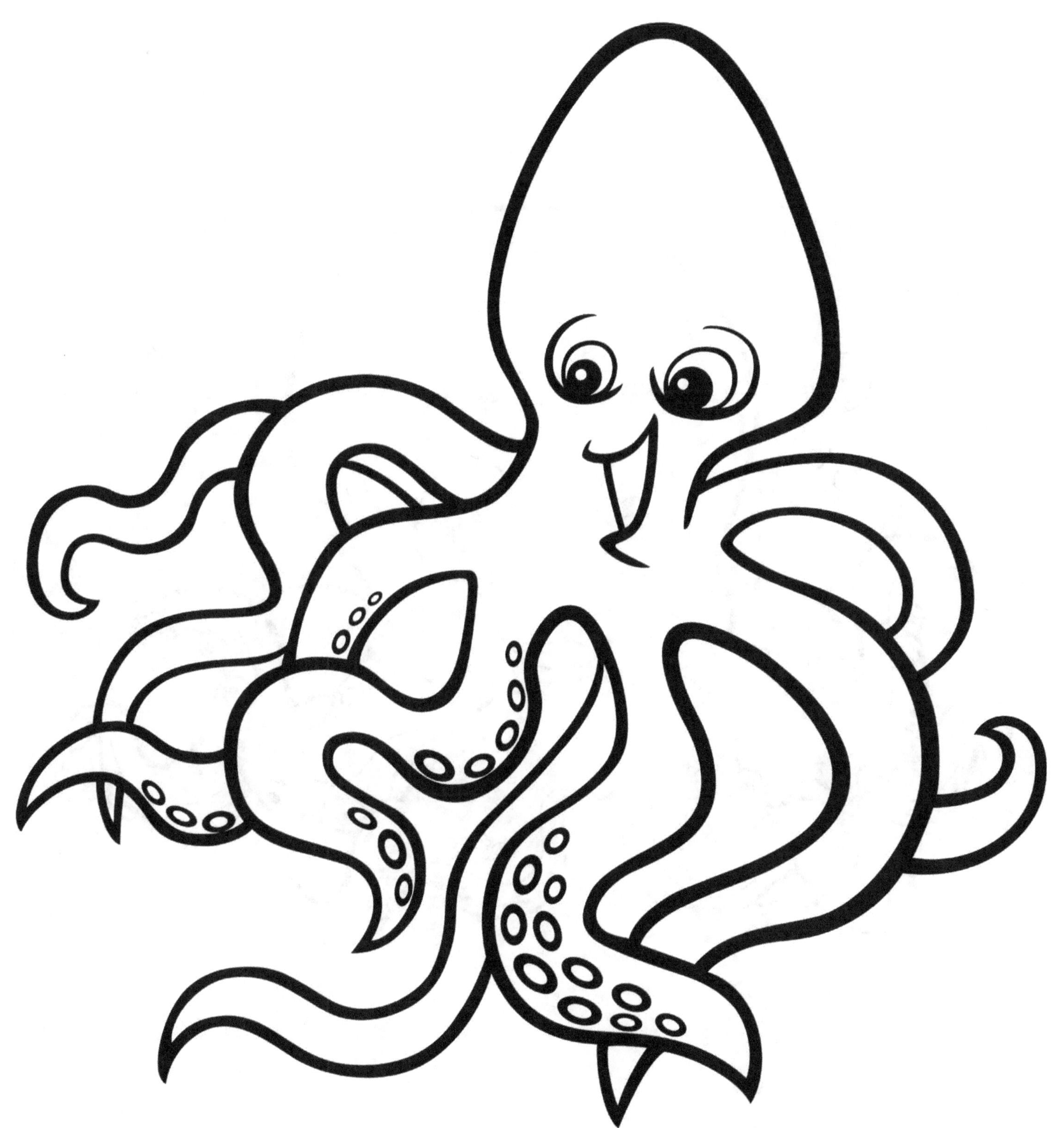

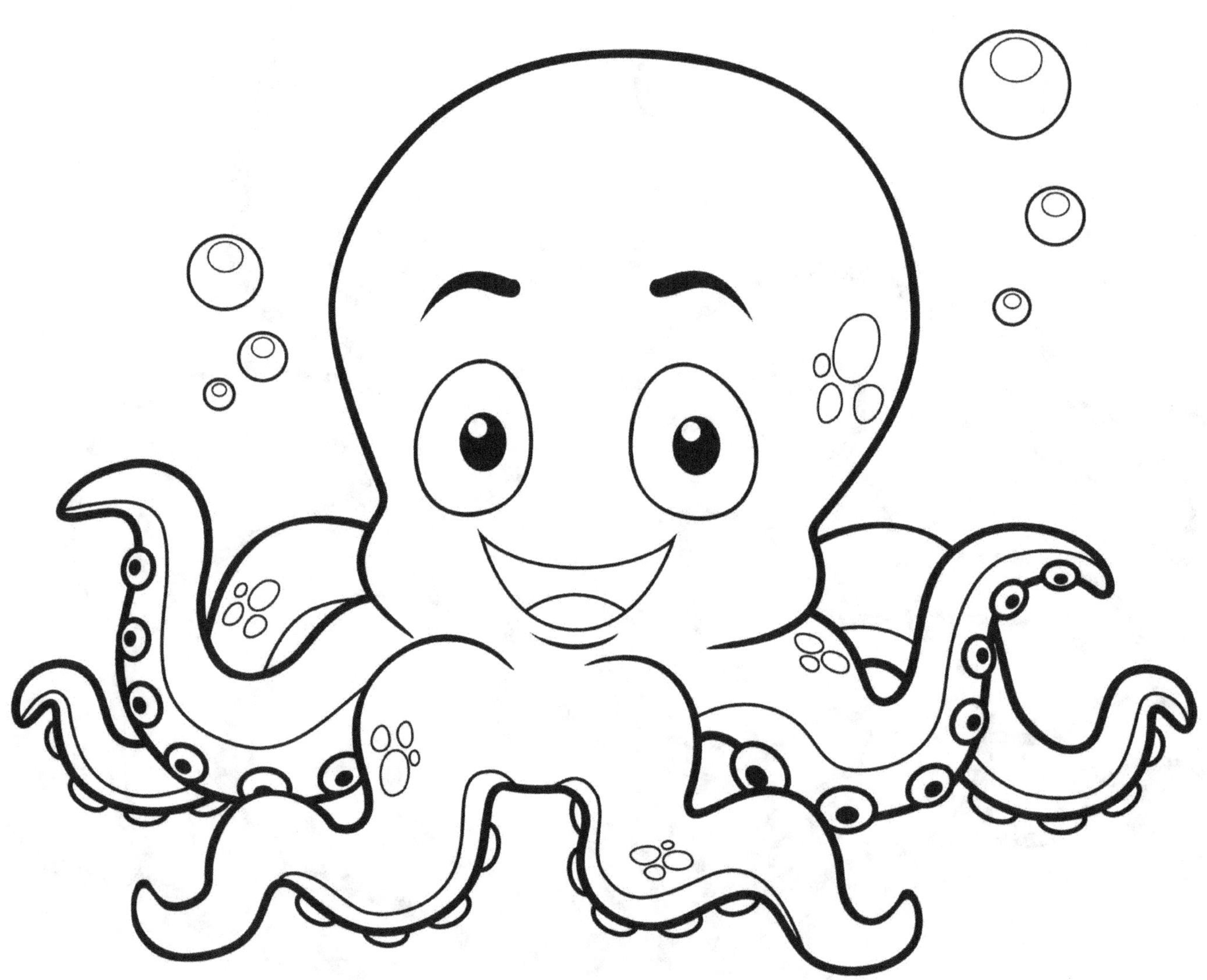

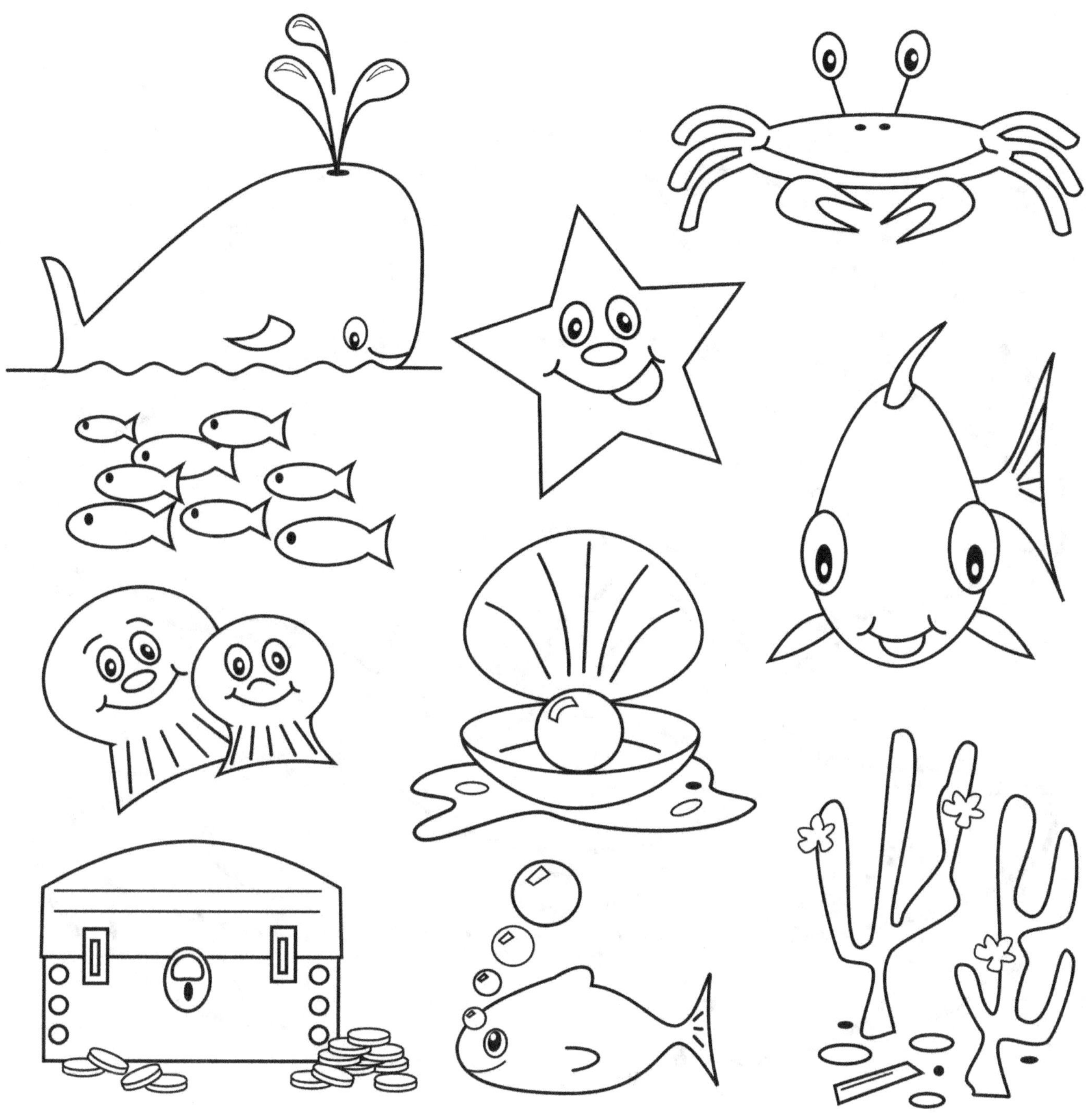

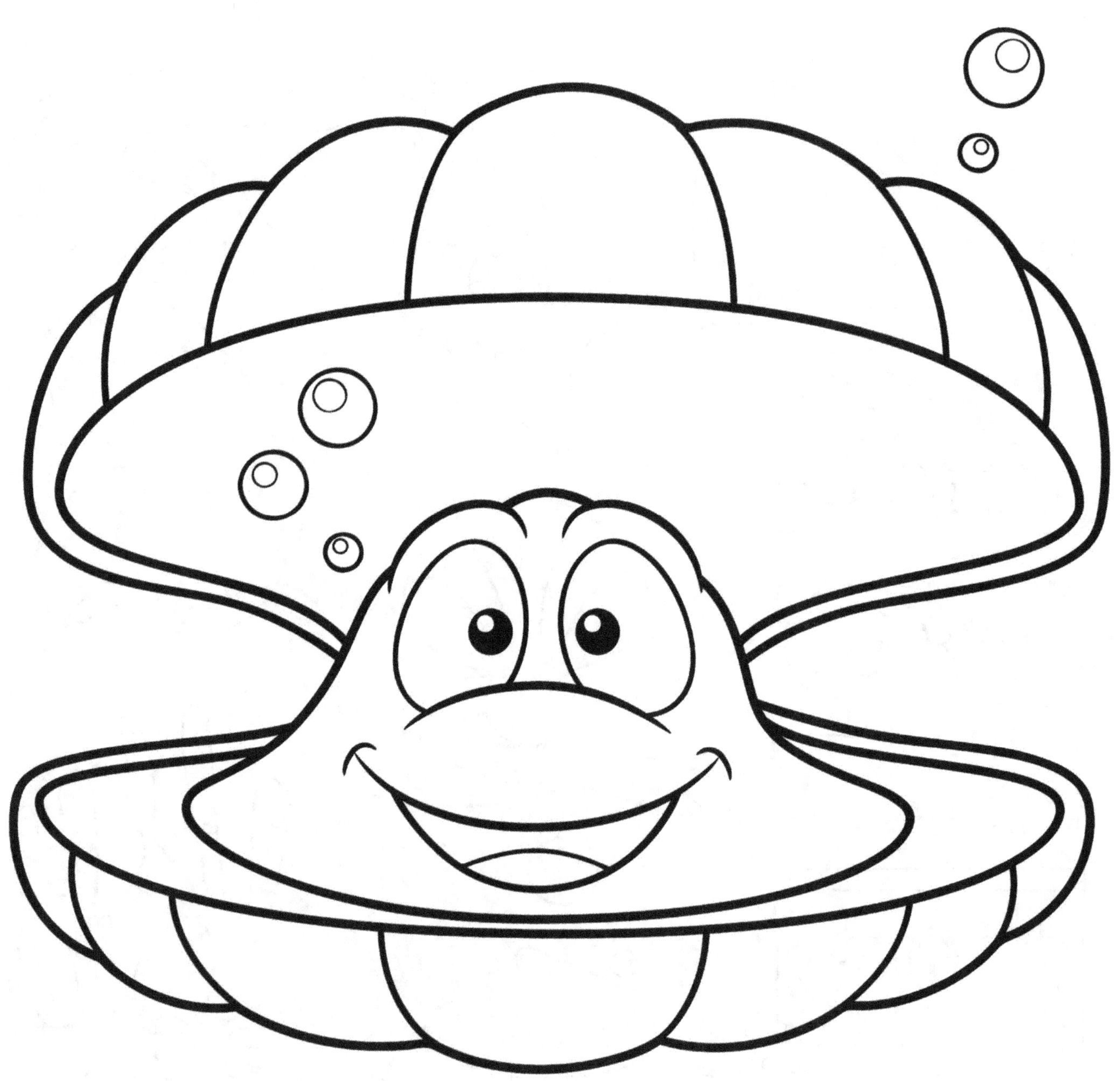

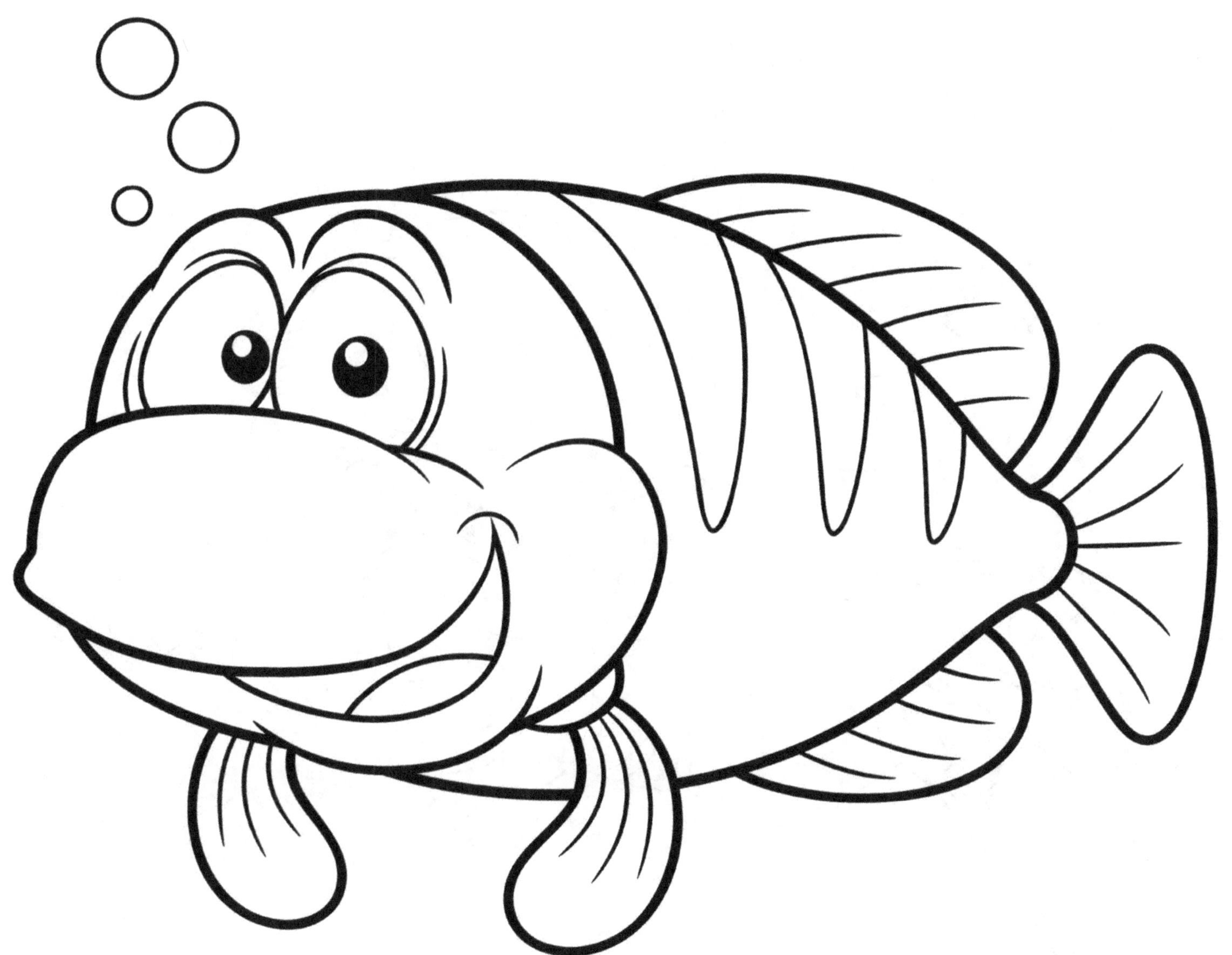

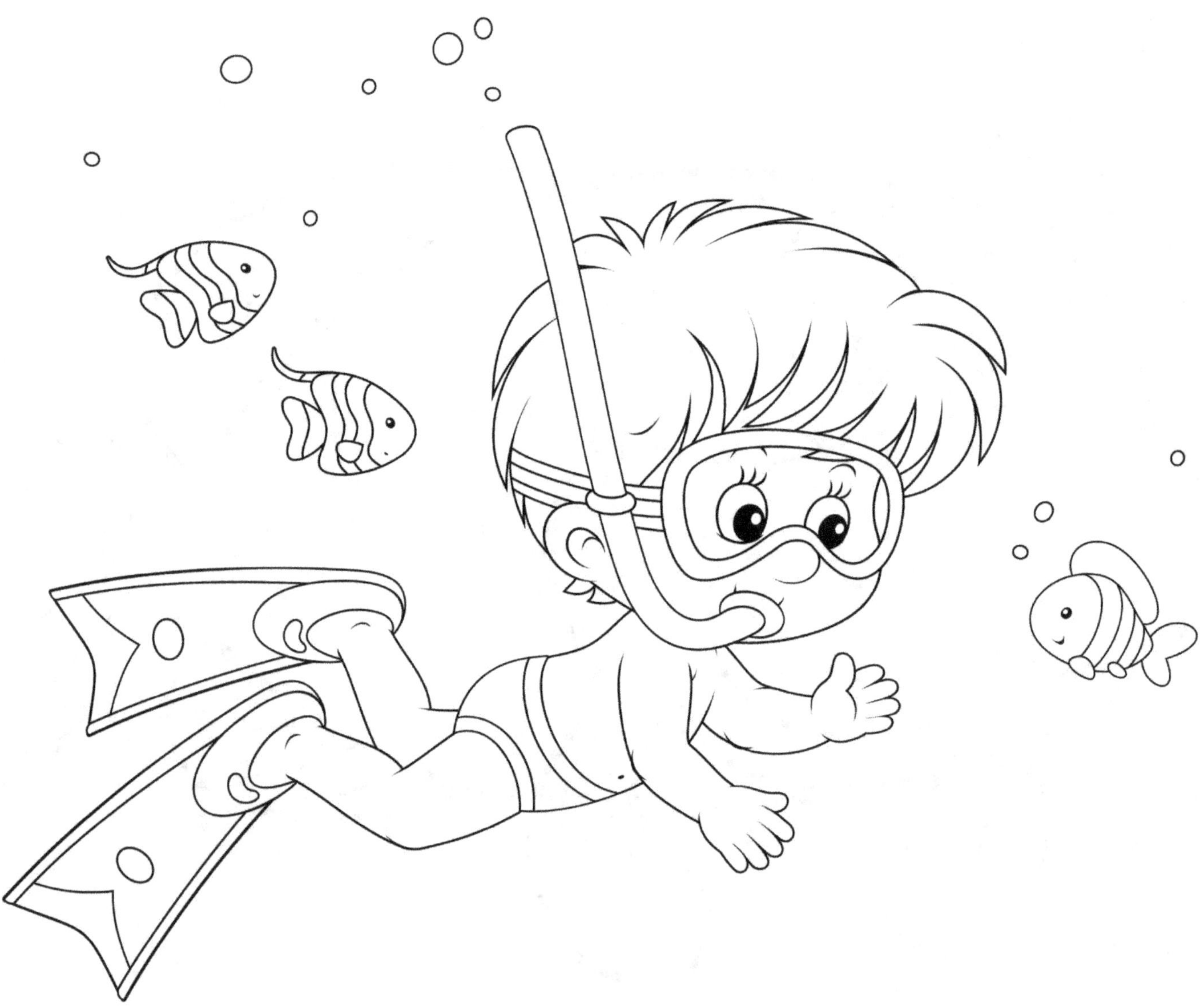

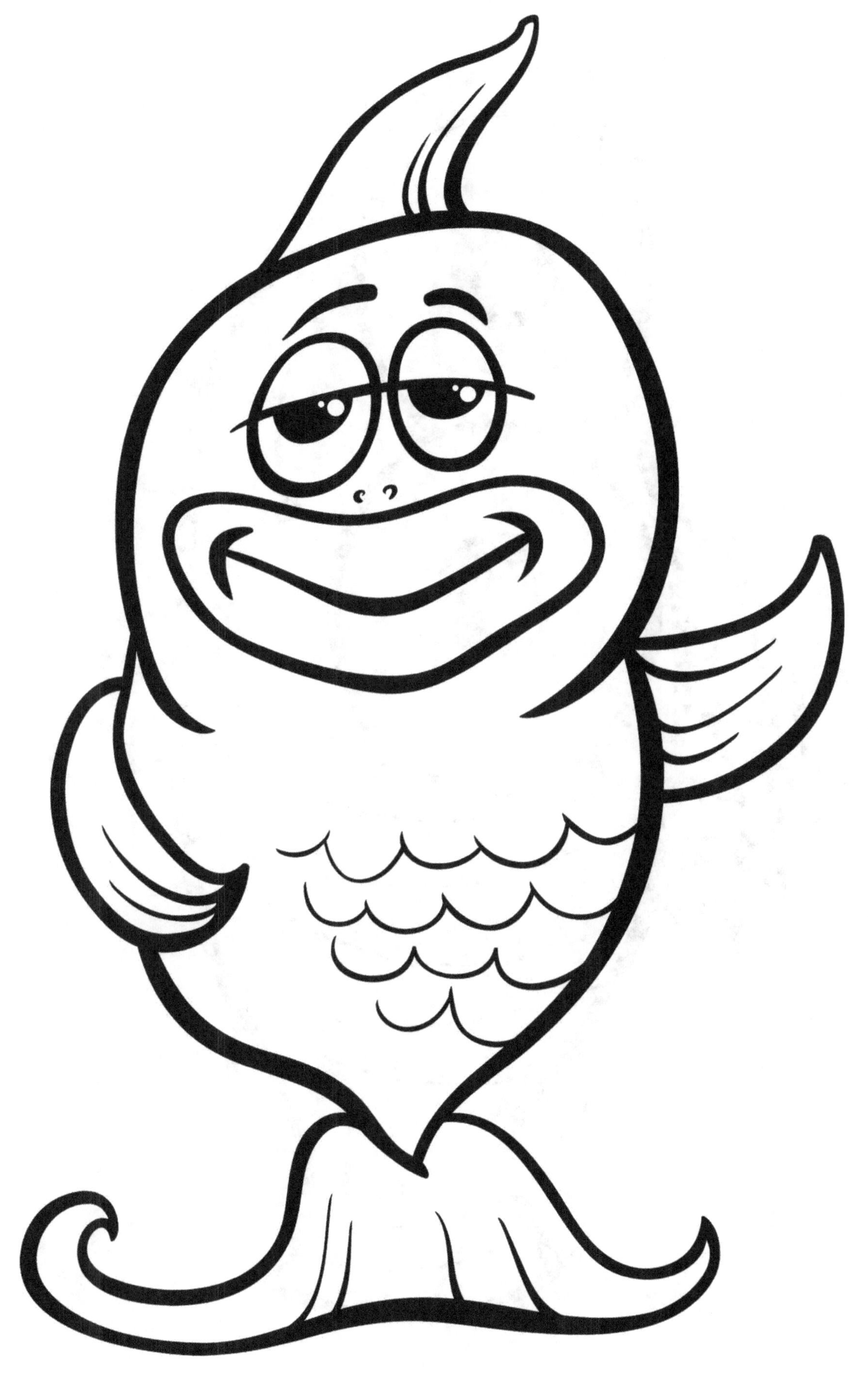

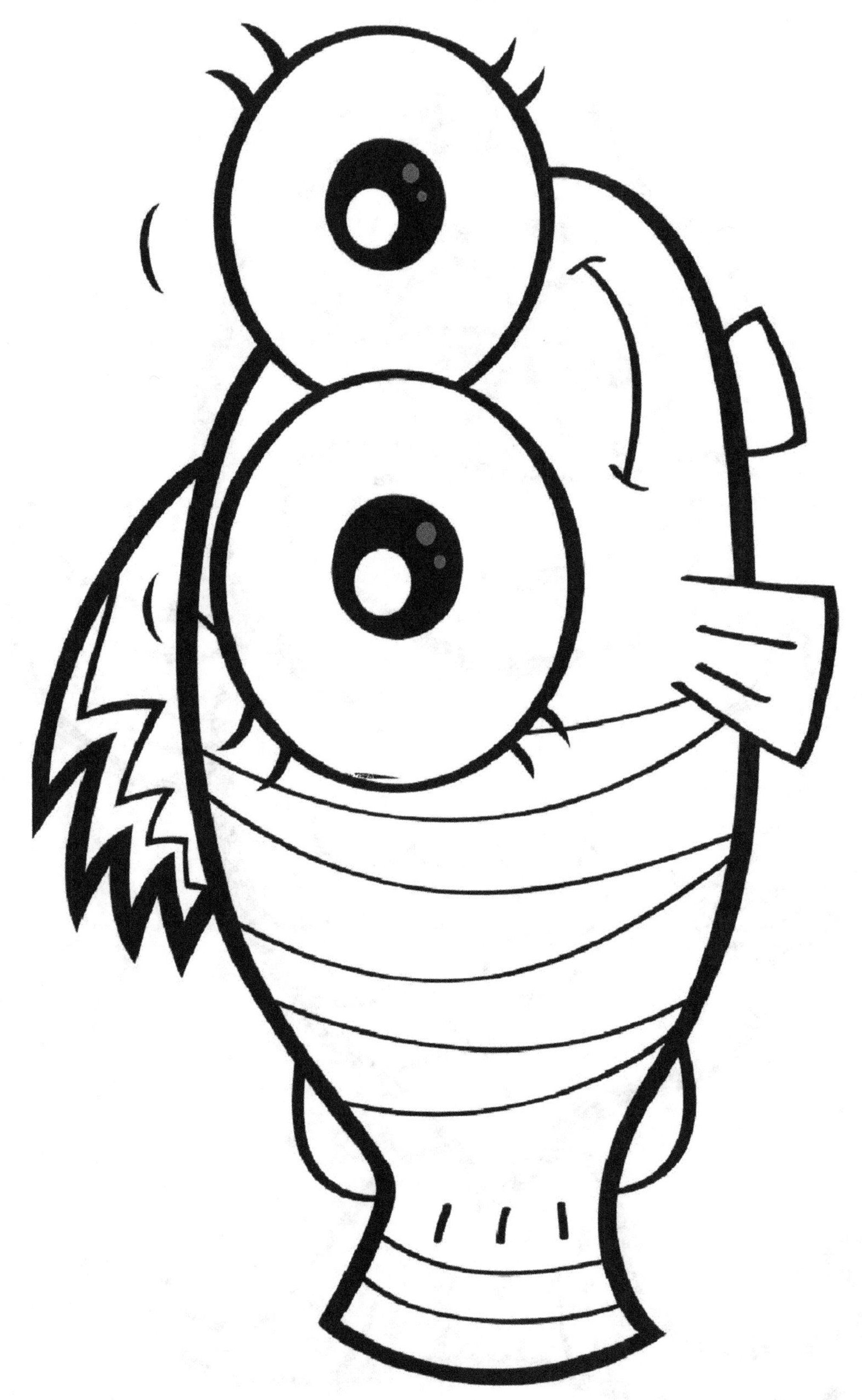

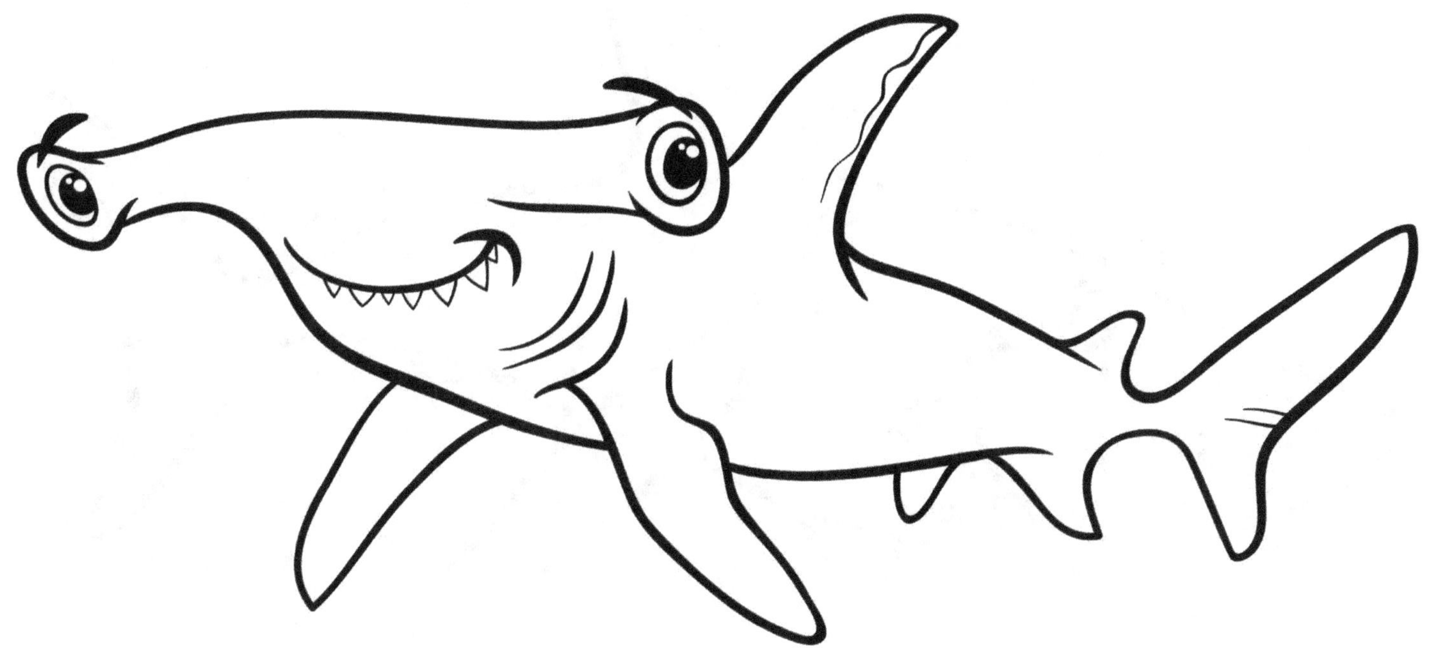

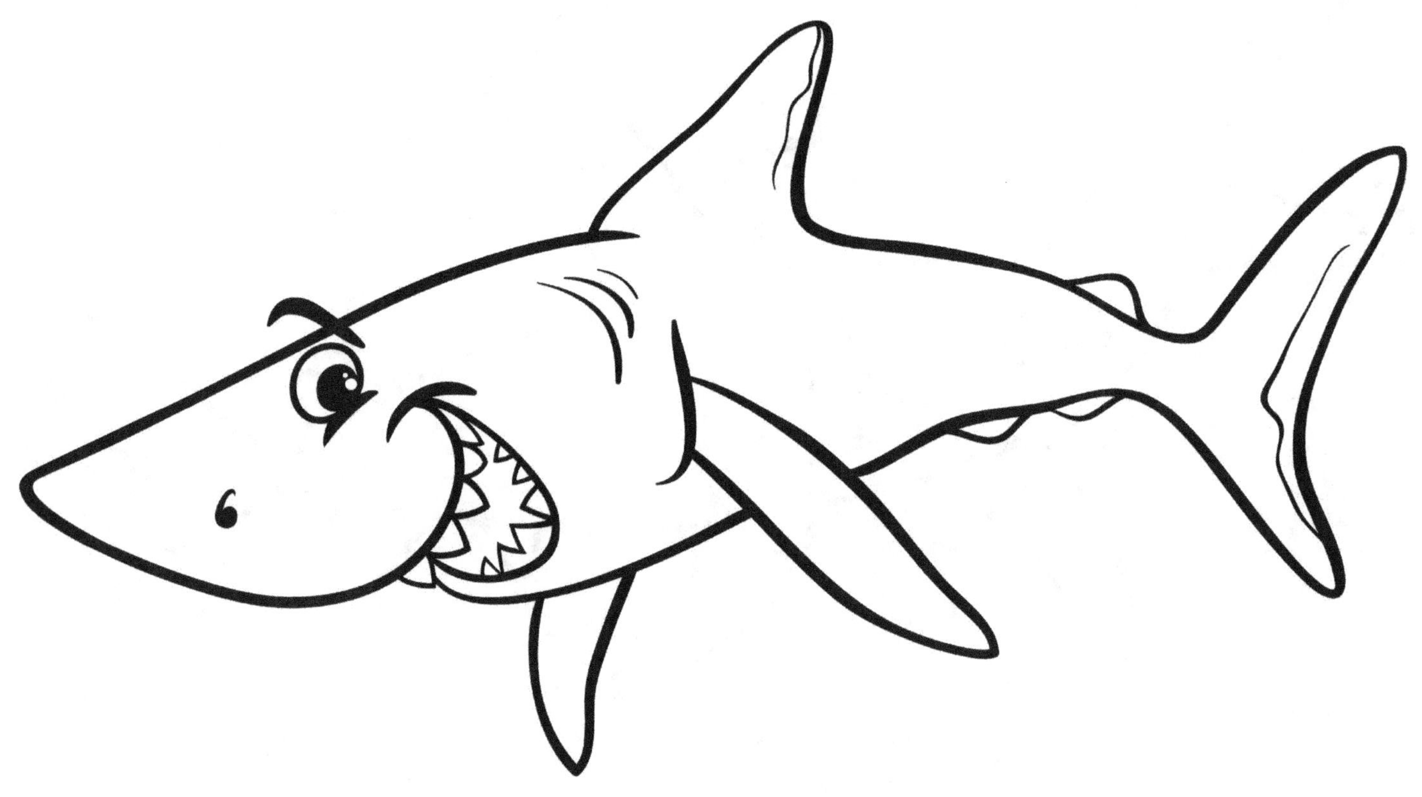

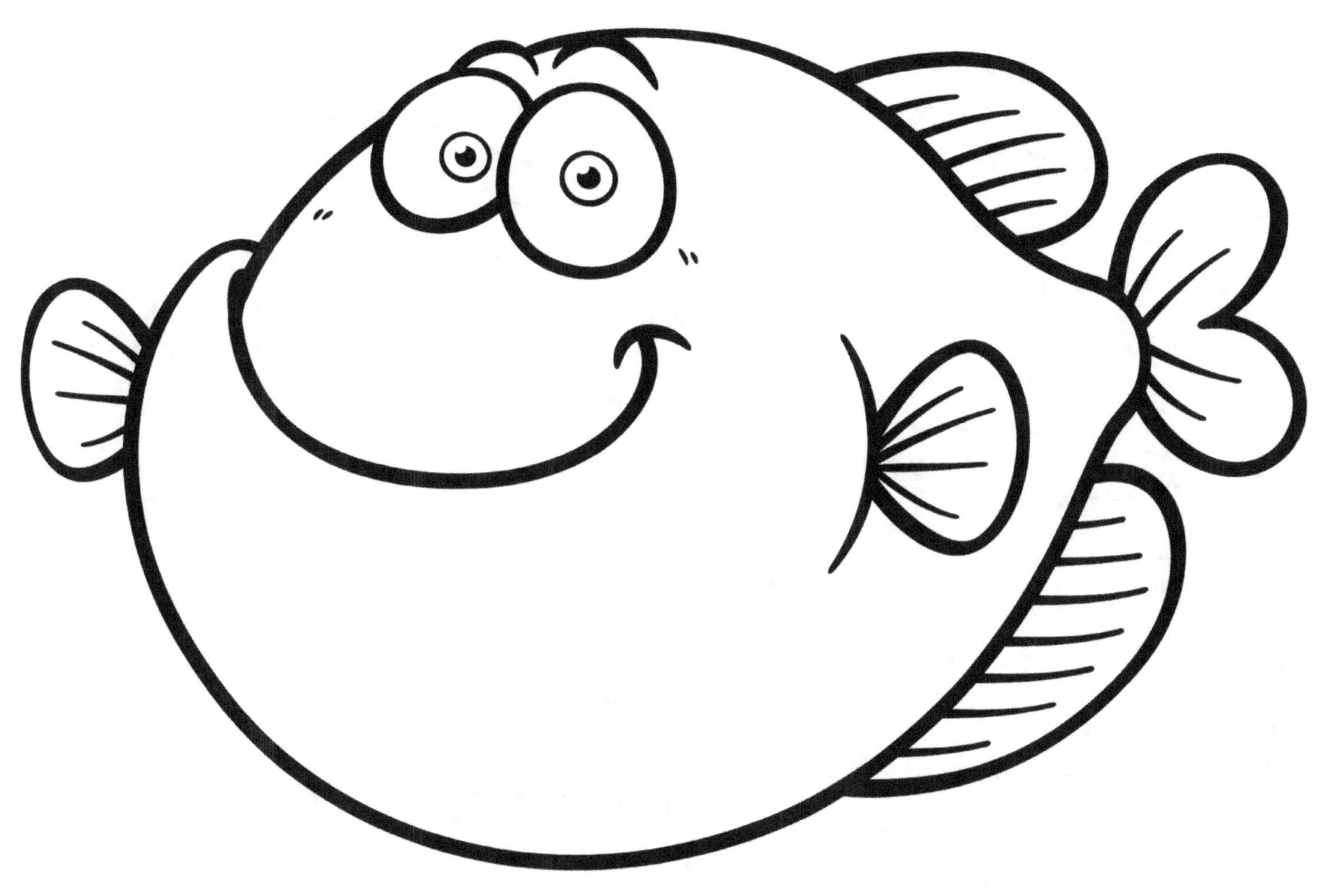

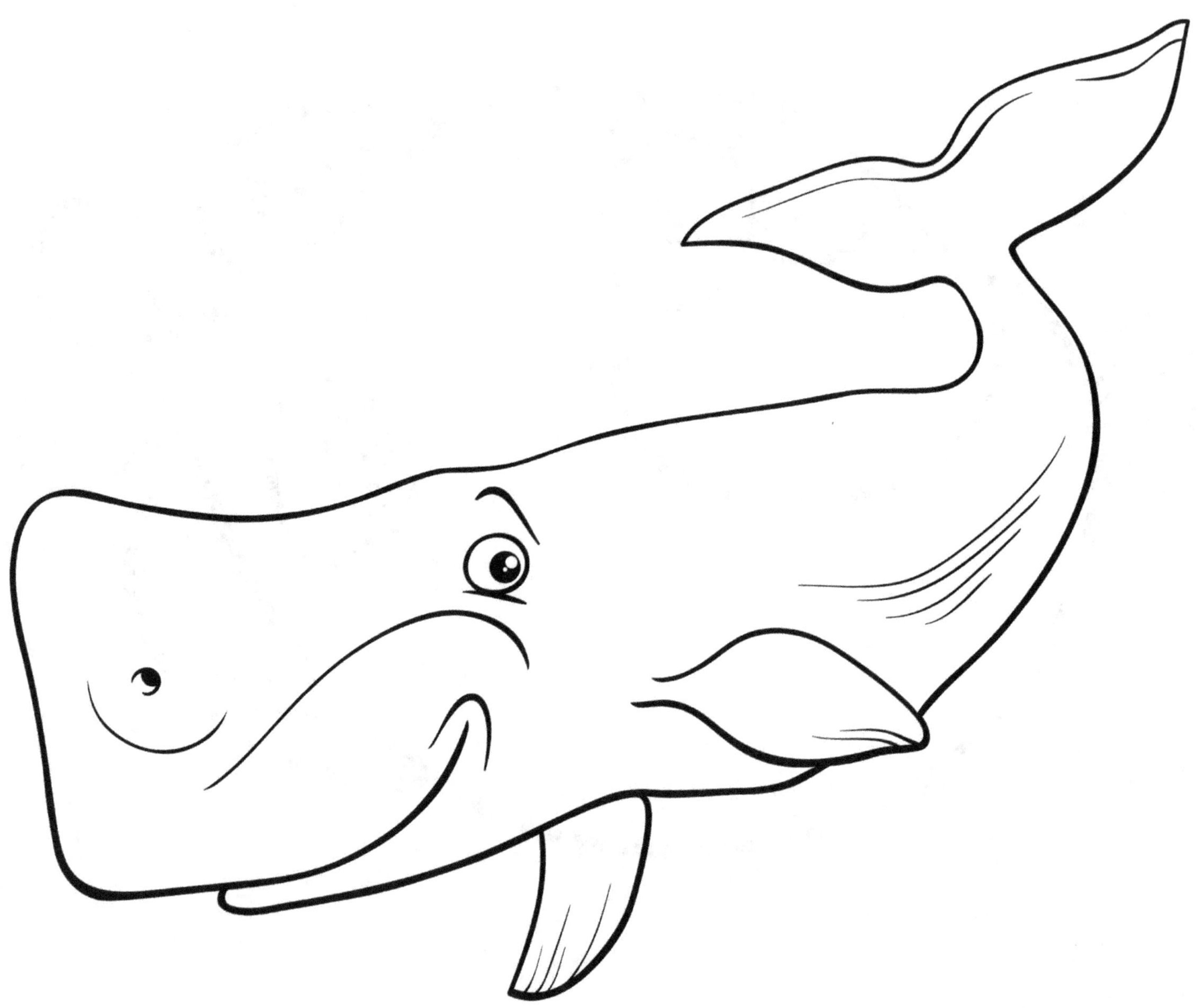

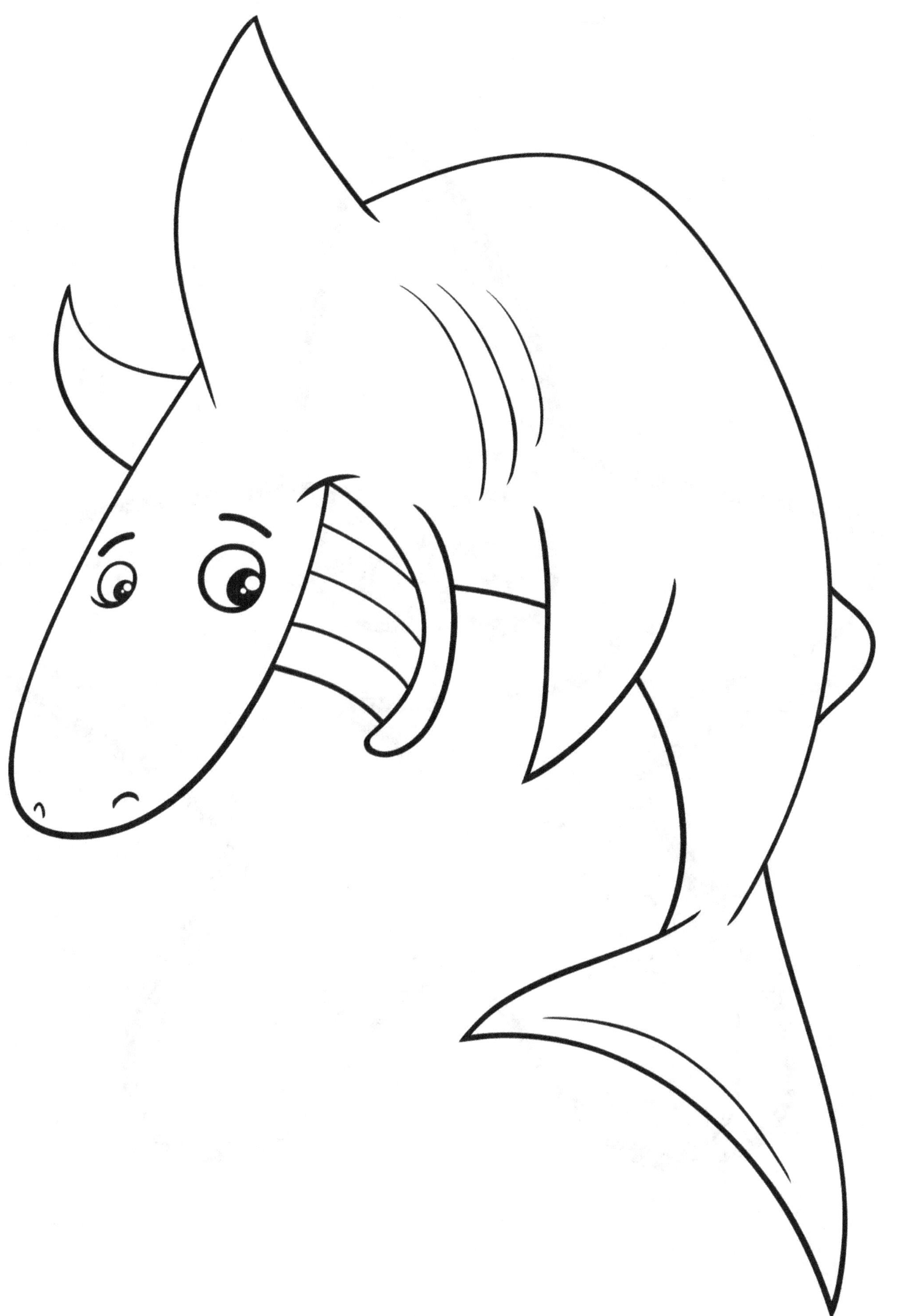

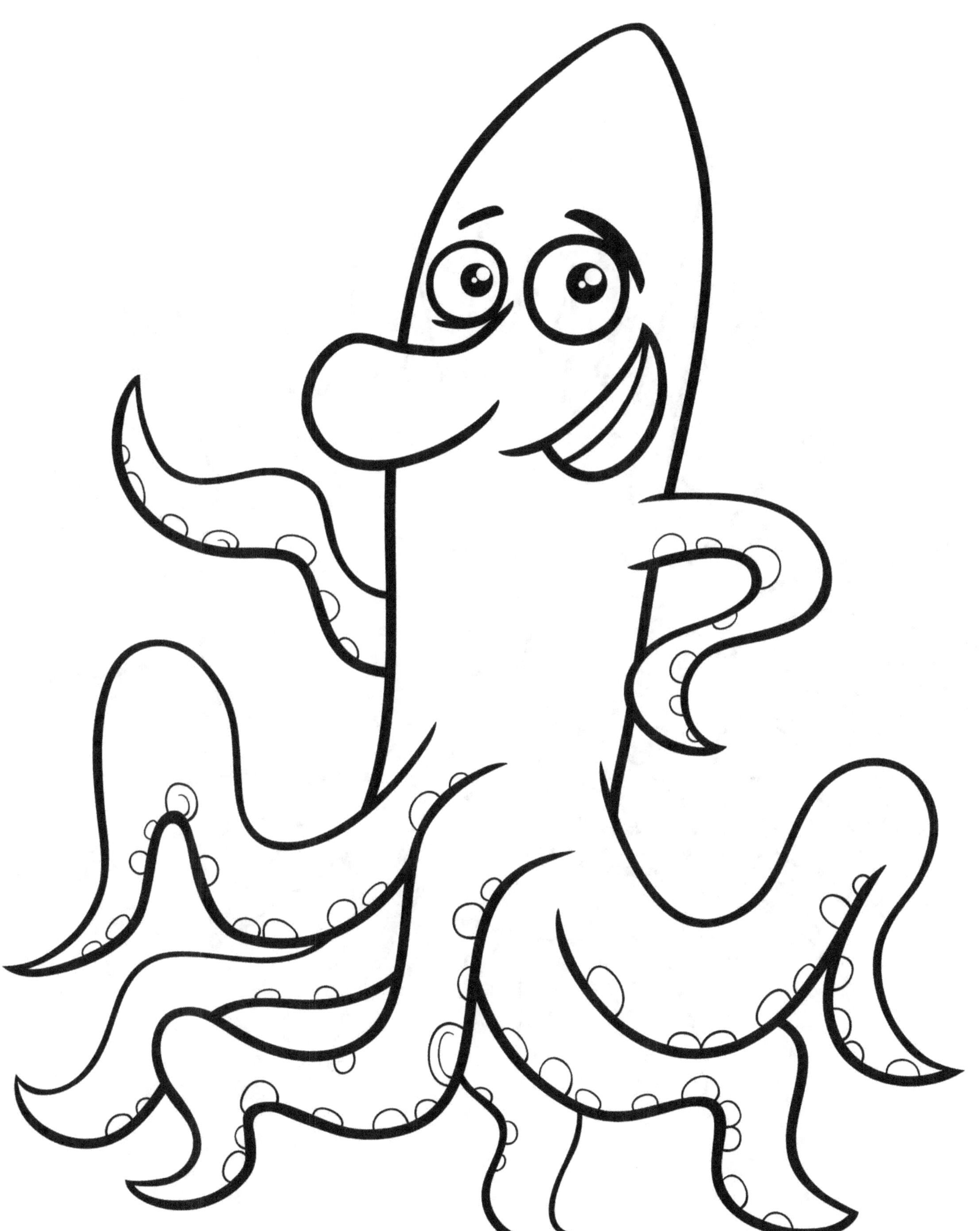

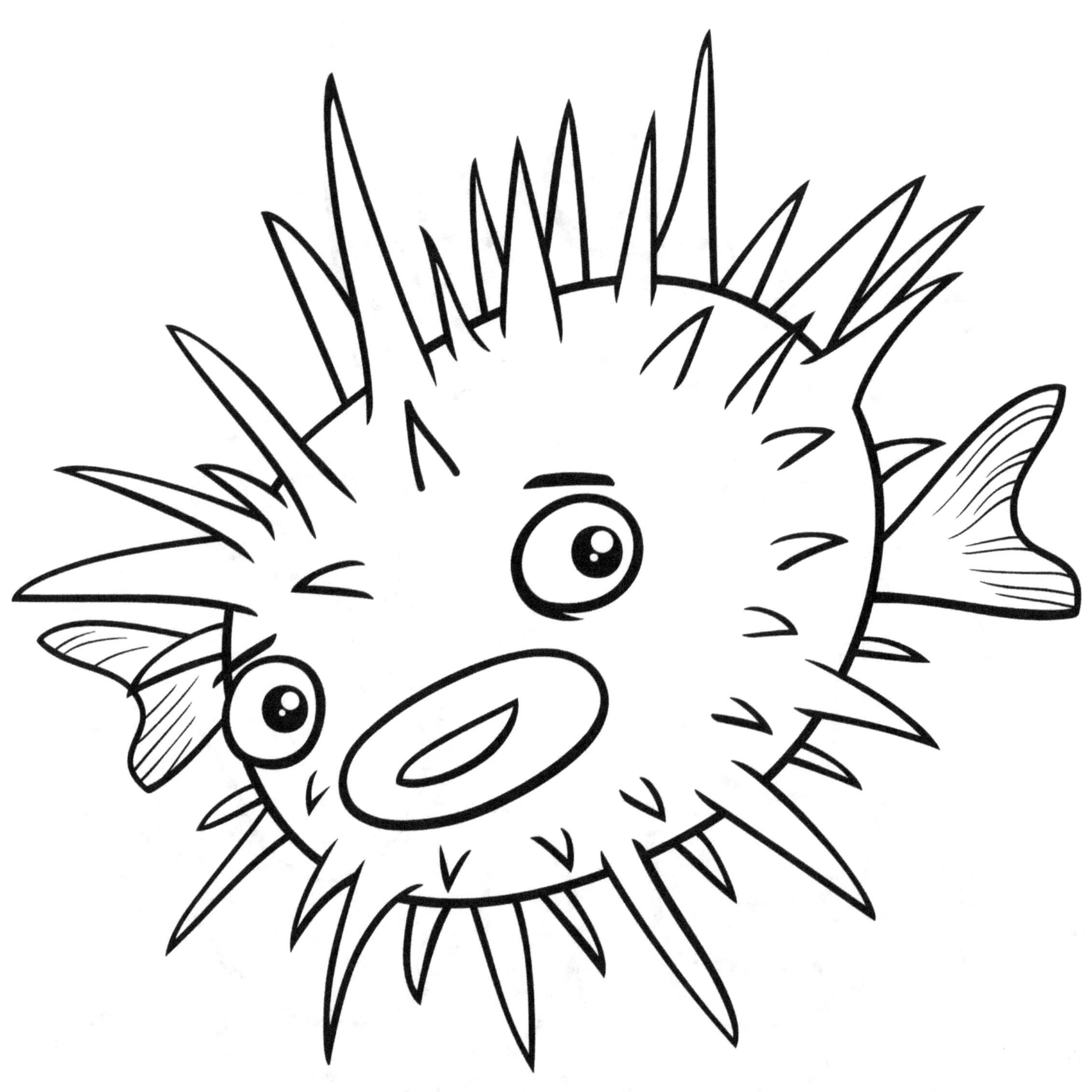

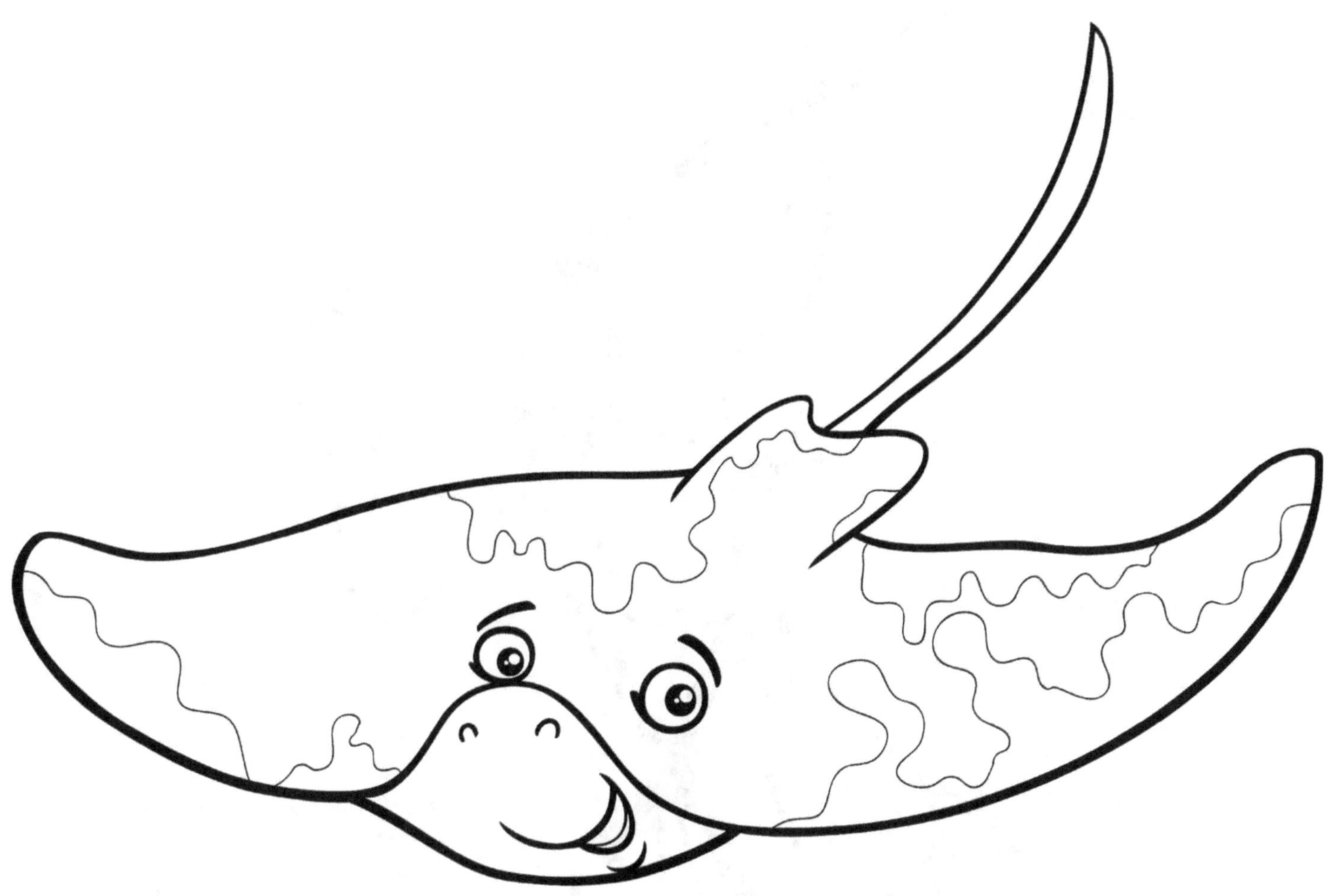

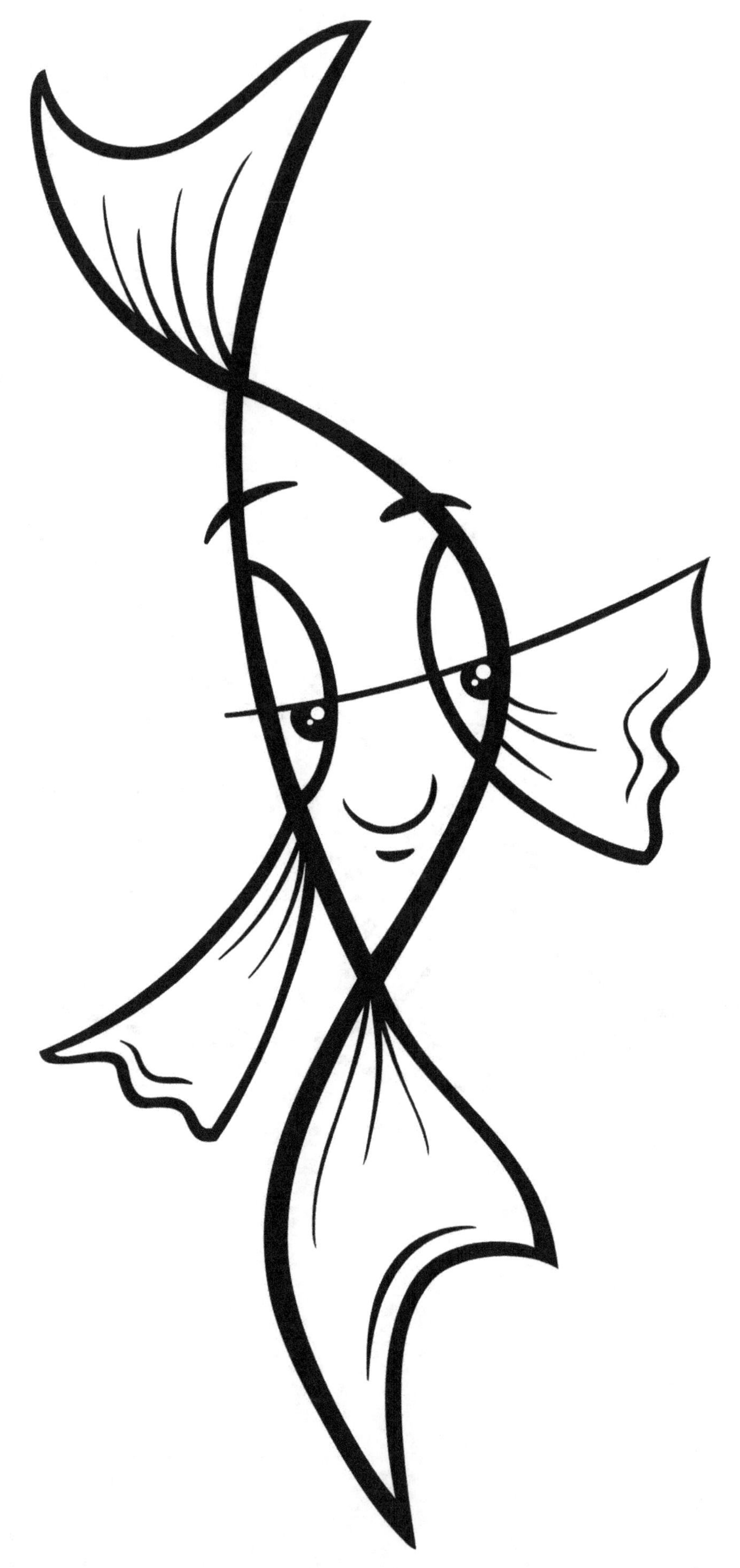

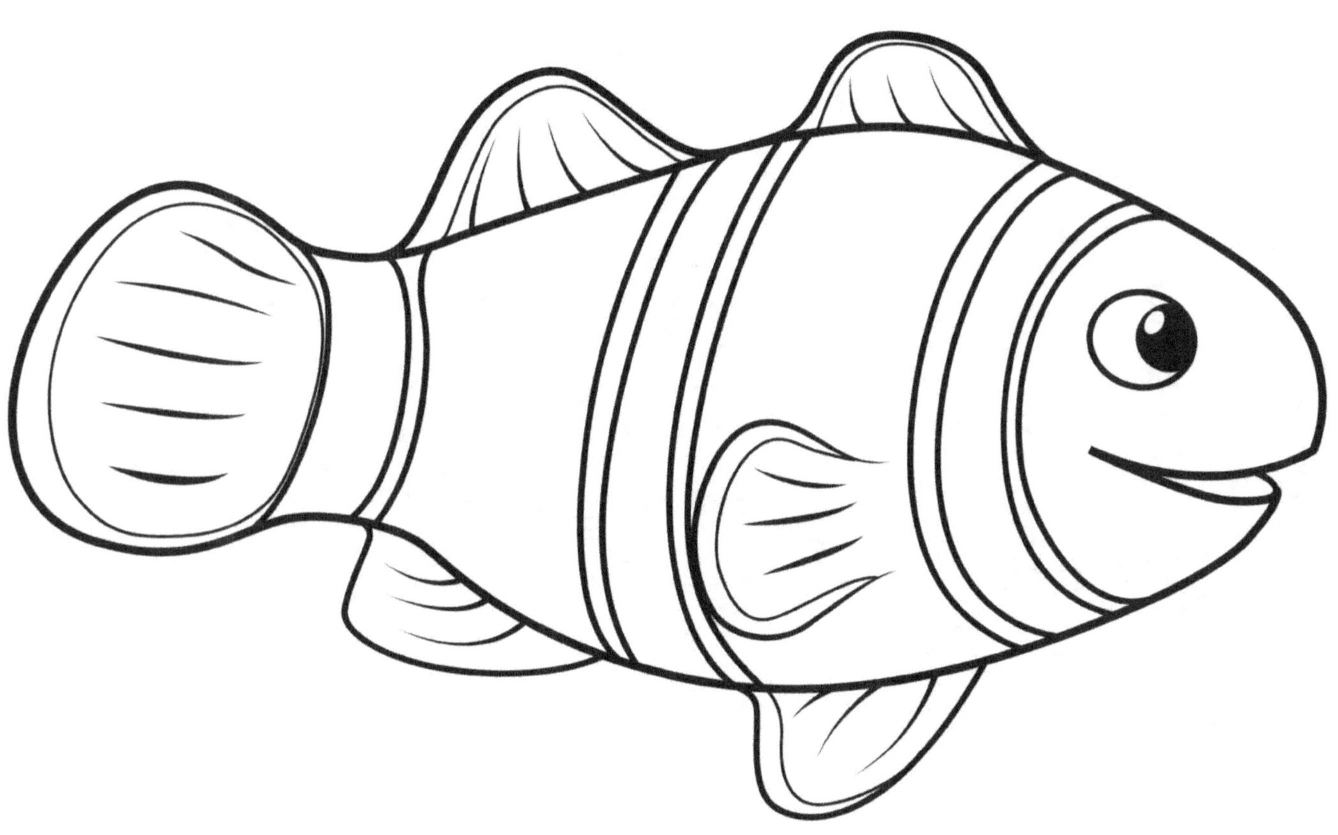

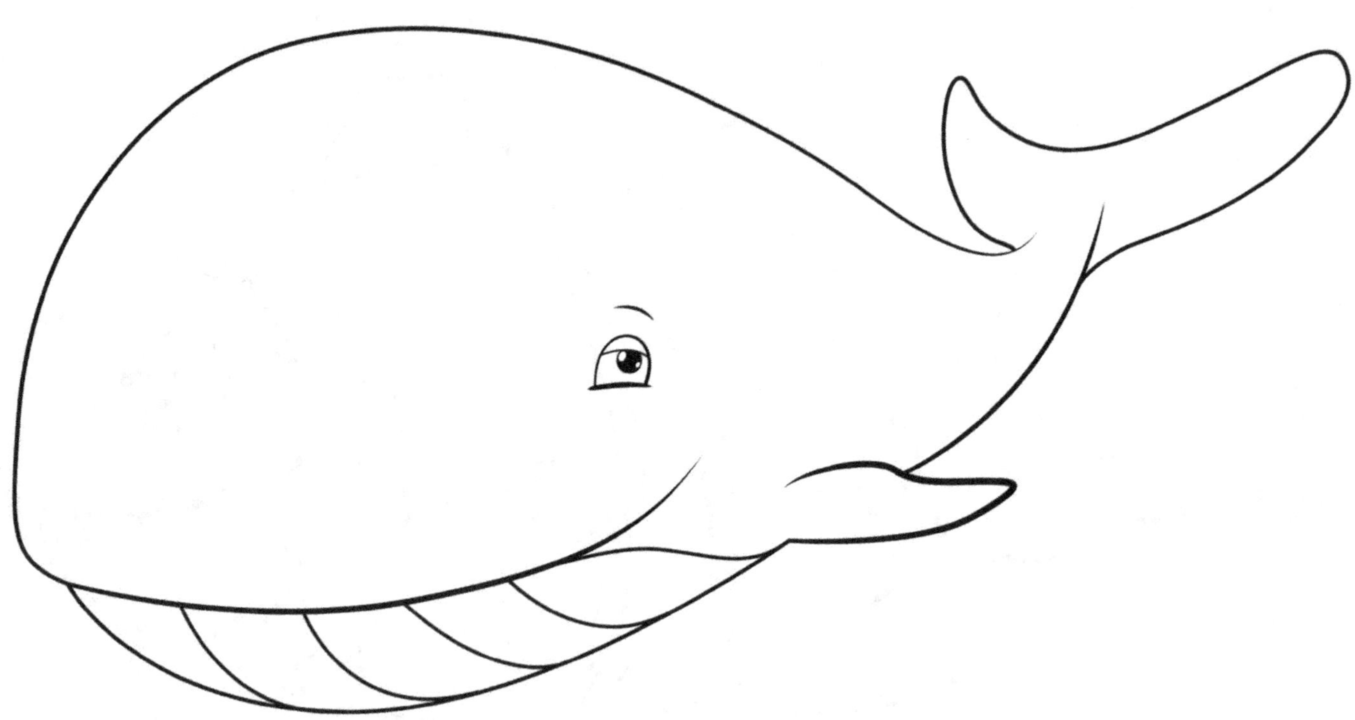

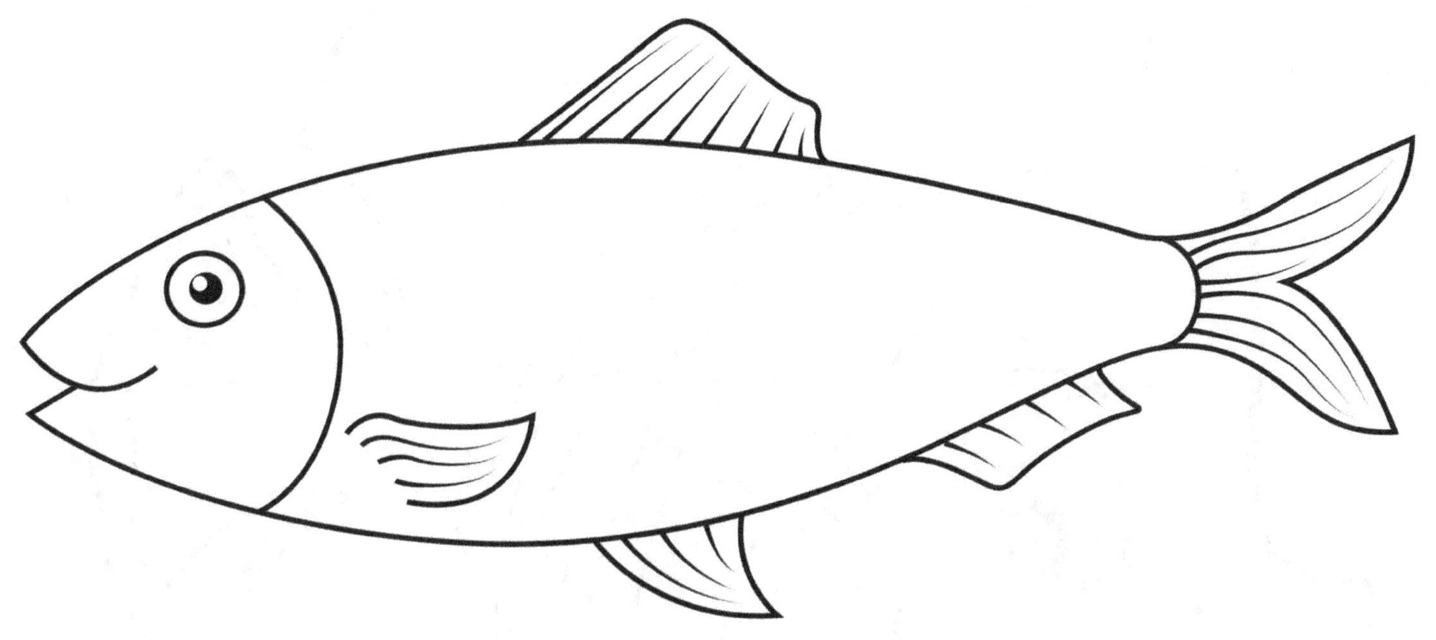

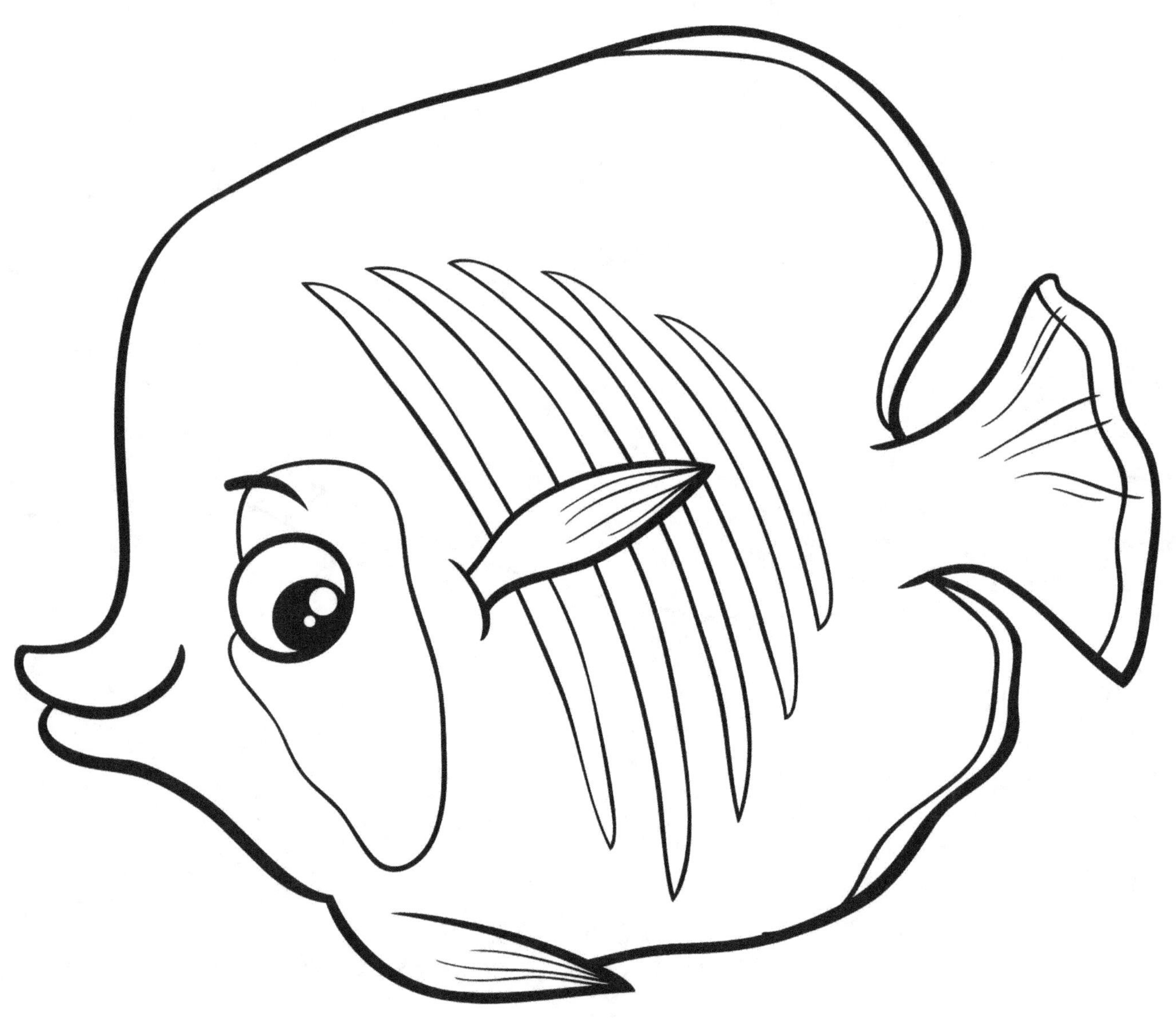

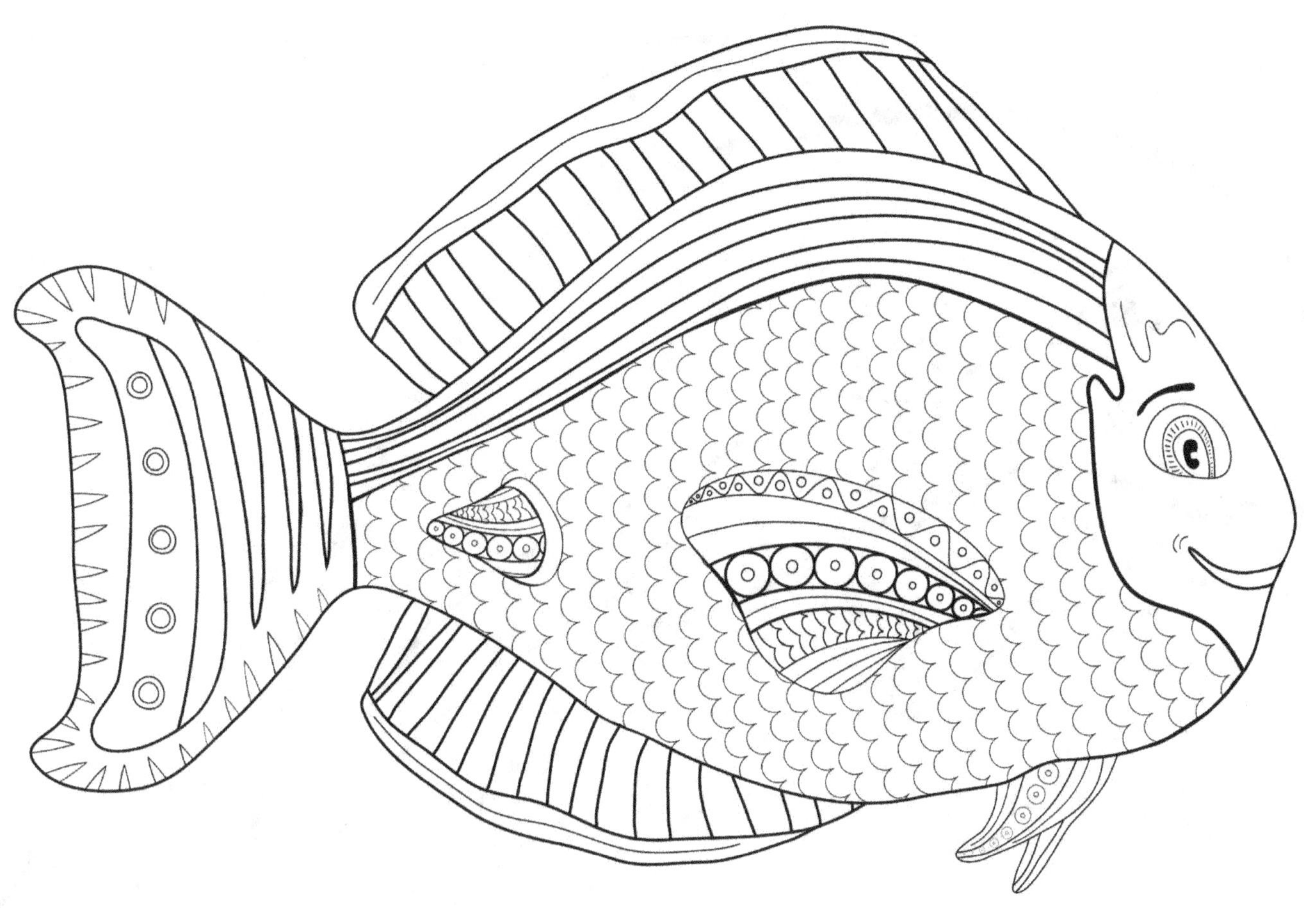

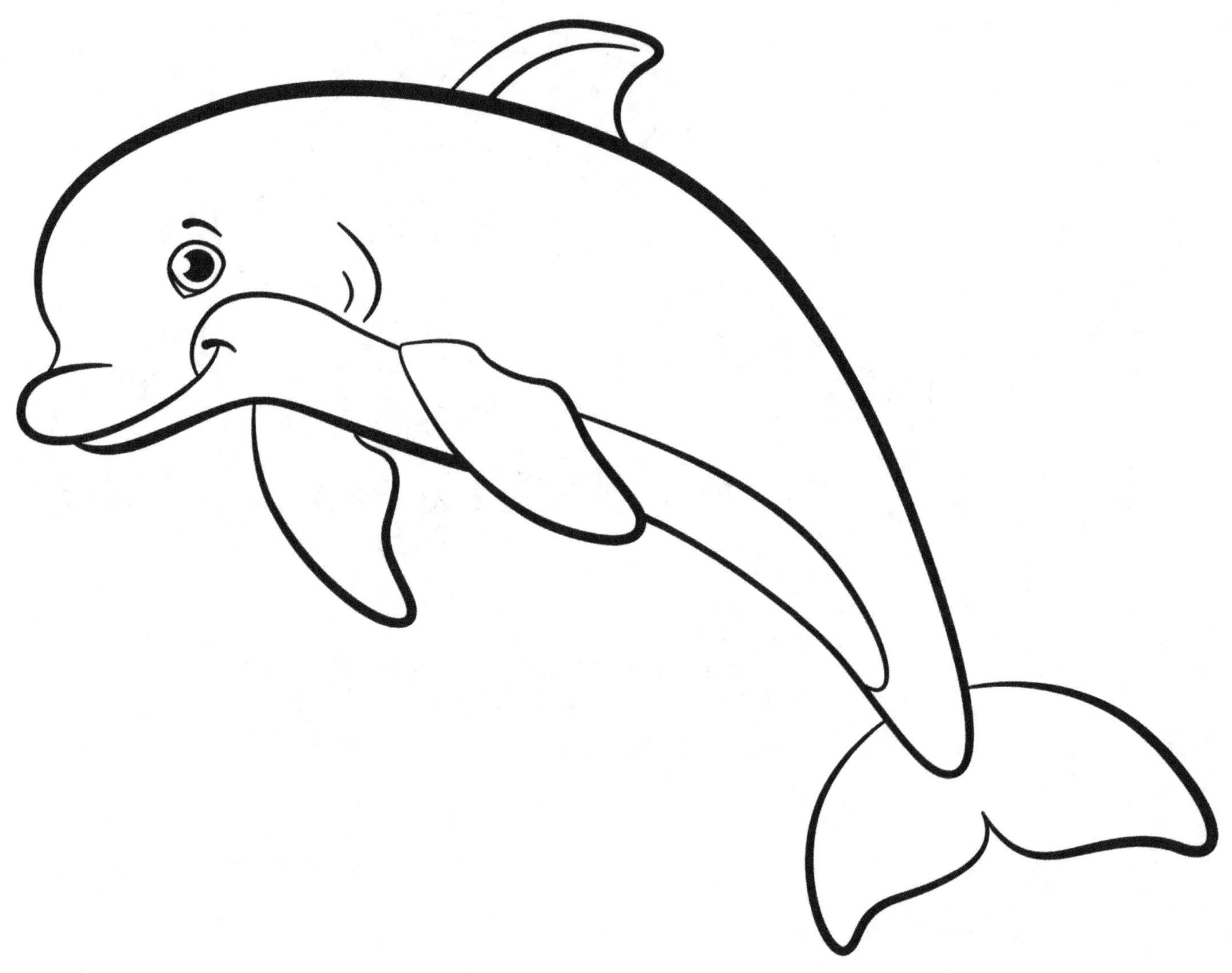

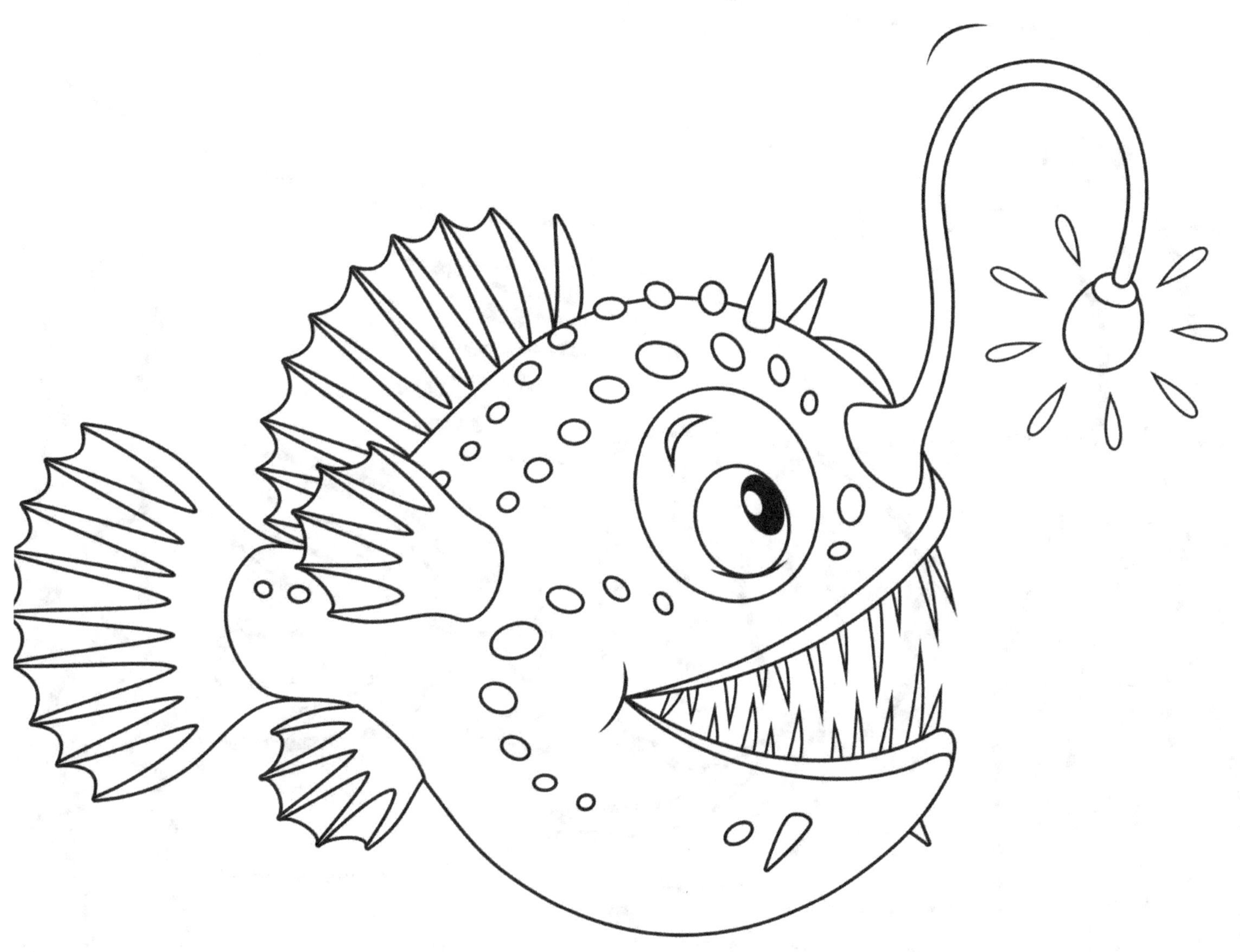

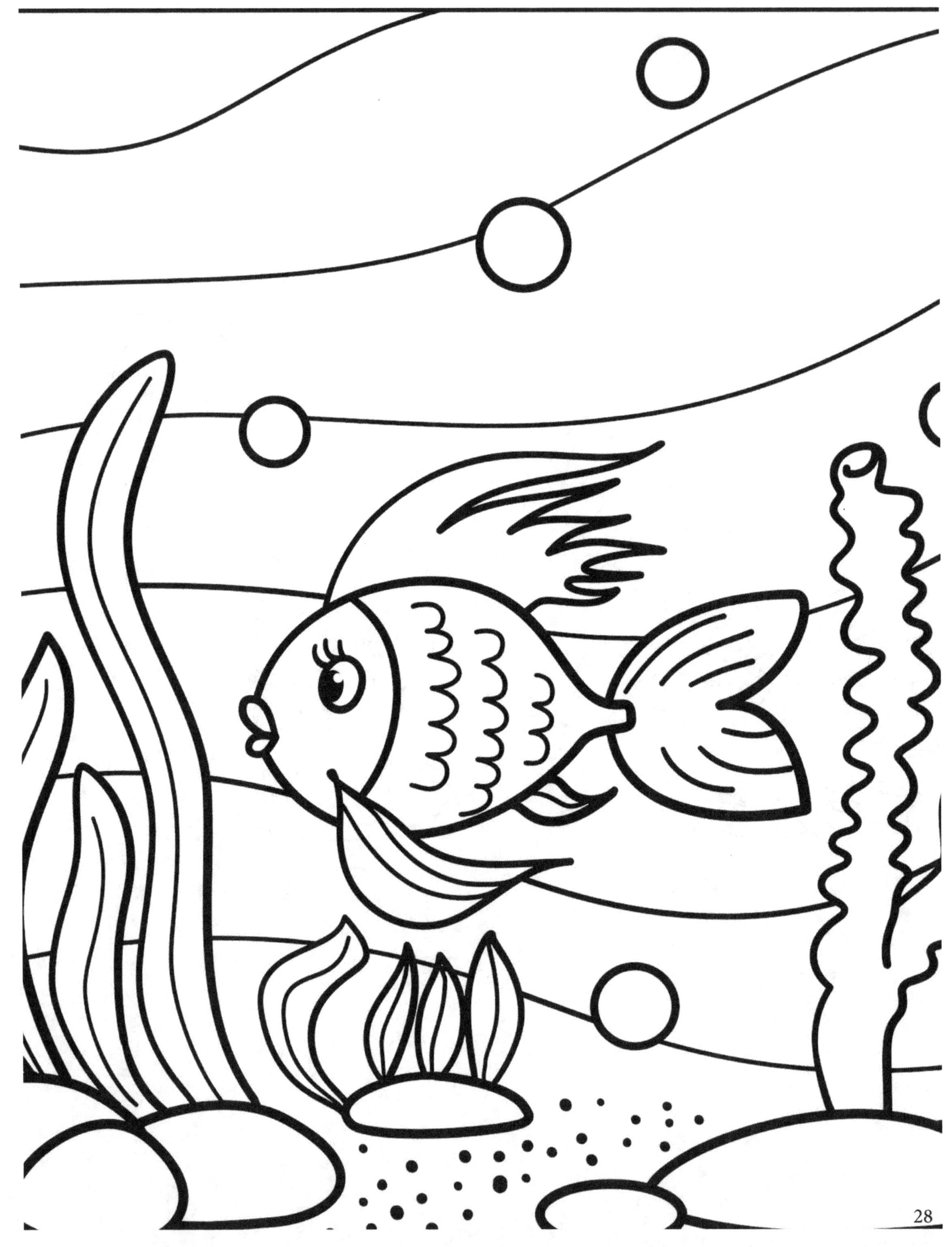

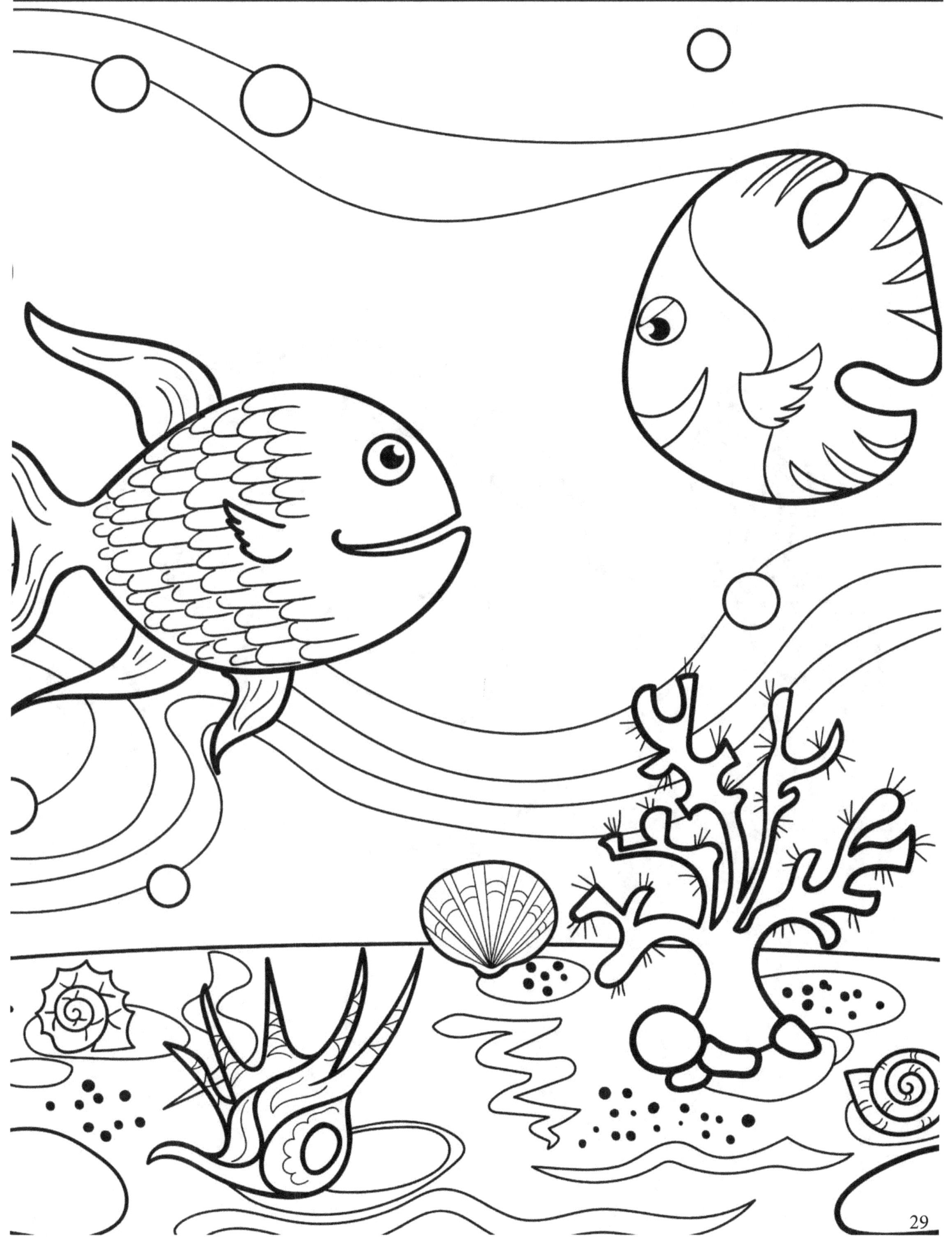

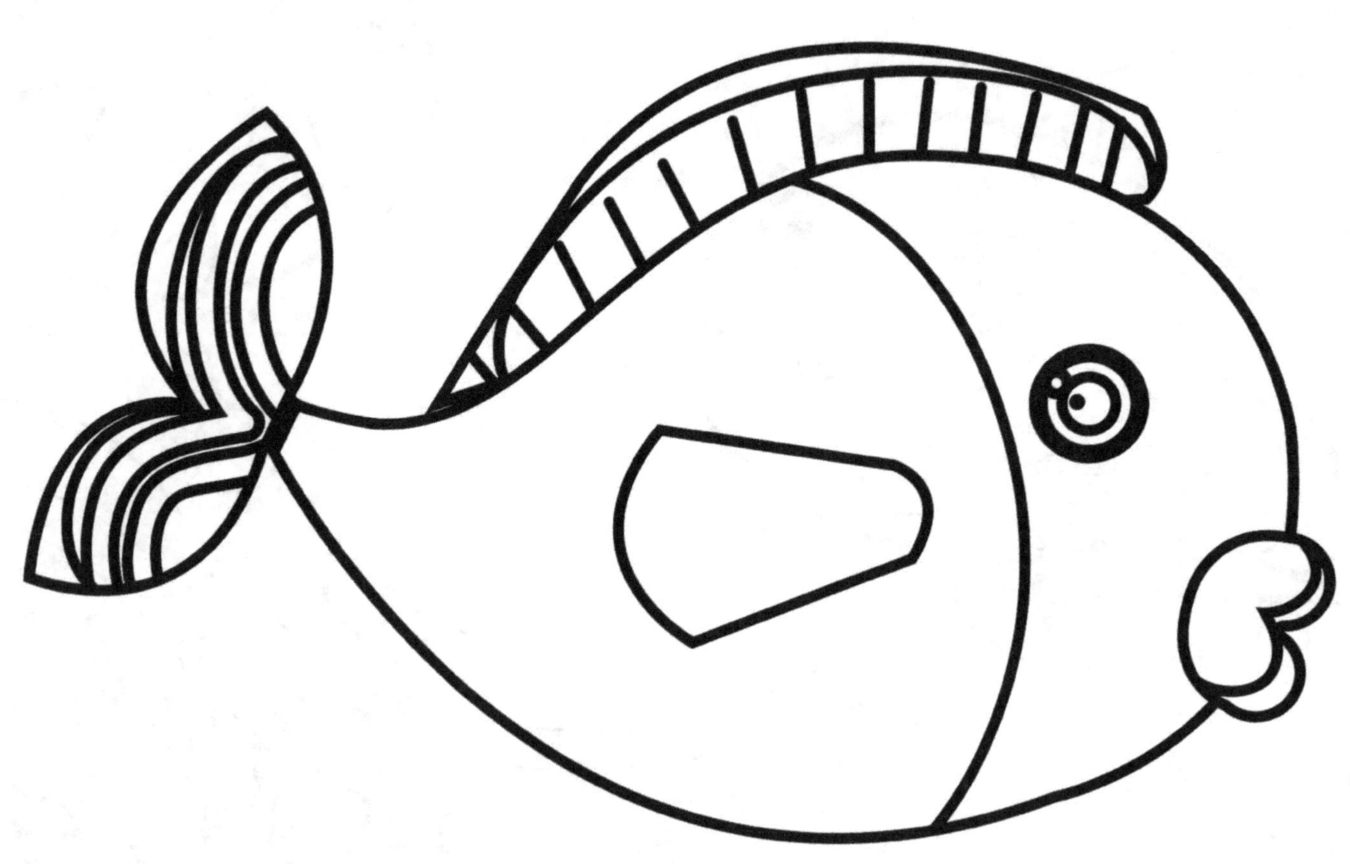

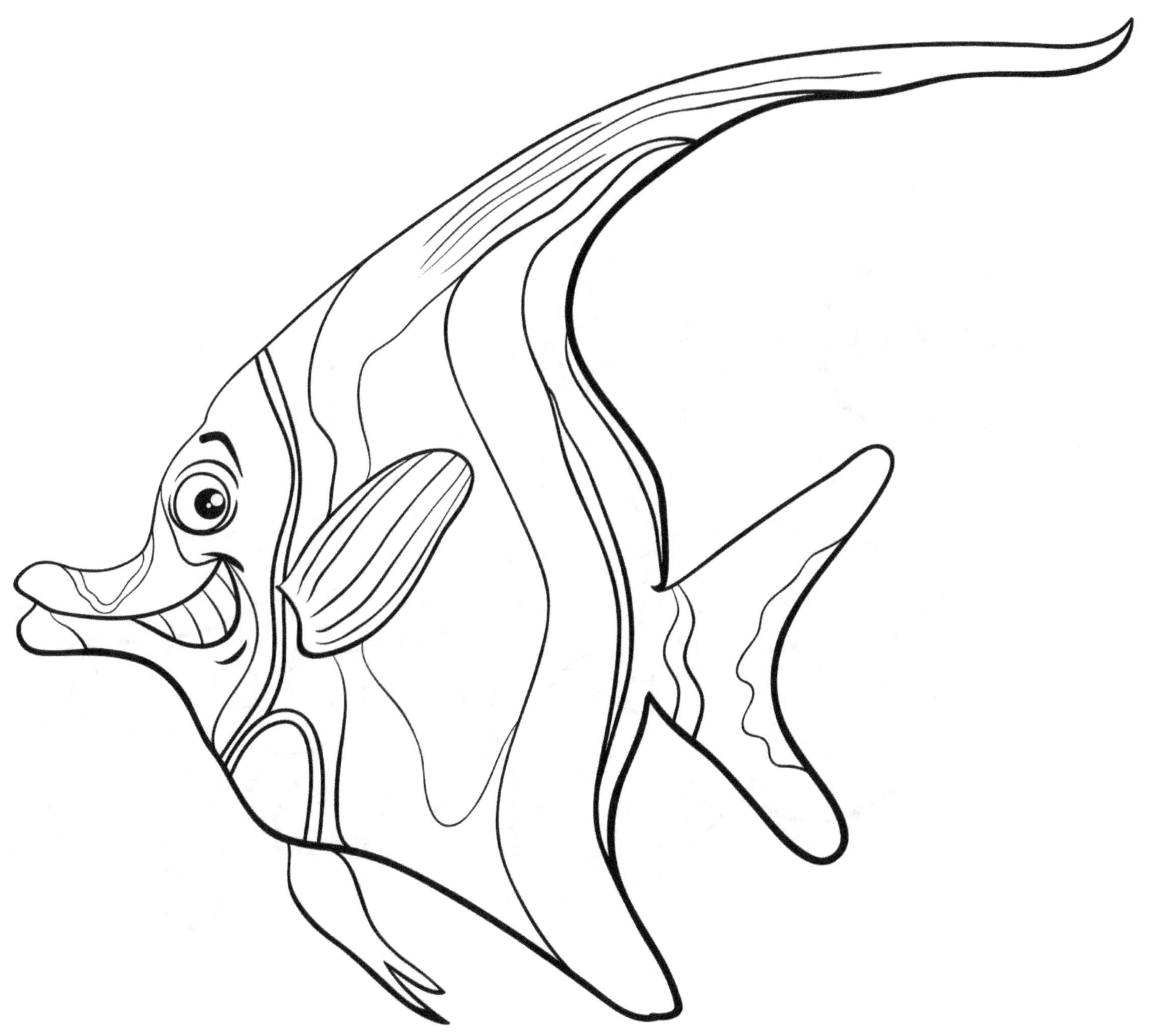

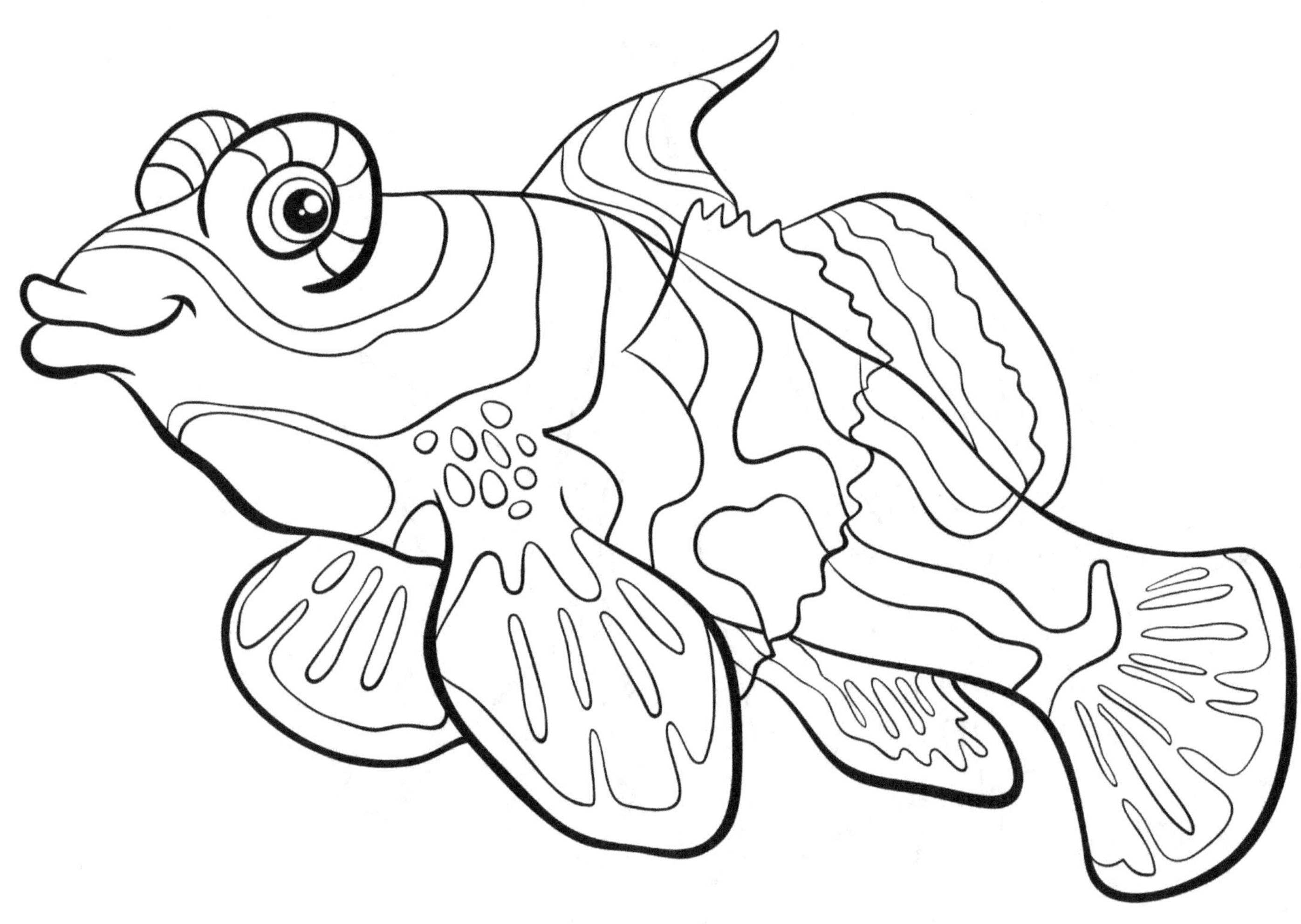

www.ingramcontent.com/pod-product-compliance
Lightning Source LLC
Chambersburg PA
CBHW080354030726
47598CB00009B/2743